“教师核心素养能力提升”丛书

理性锁定 教师人生大格局

王玉建　著

核心素养

天津出版传媒集团

天津教育出版社
TIANJIN EDUCATION PRESS

图书在版编目（CIP）数据

理性锁定教师人生大格局 / 王玉建著. -- 天津：天津教育出版社，2019.1(2023年9月重印)

（“教师核心素养能力提升”丛书）

ISBN 978-7-5309-8216-7

Ⅰ. ①理… Ⅱ. ①王… Ⅲ. ①教师素质-师资培养 Ⅳ. ①G451.6

中国版本图书馆 CIP 数据核字（2018）第 297882 号

理性锁定教师人生大格局
LIXING SUODING JIAOSHI RENSHENG DAGEJU

出 版 人	黄 沛
作　　者	王玉建
责任编辑	强 华
装帧设计	熊 国
出版发行	天津出版传媒集团 天津教育出版社 天津市和平区西康路 35 号　邮政编码 300051 http://www.tjeph.com　电话（022）23378389
经　　销	全国新华书店
印　　刷	定州启航印刷有限公司
版　　次	2019 年 1 月第 1 版
印　　次	2023 年 9 月第 2 次印刷
规　　格	16 开（710 毫米 ×1000 毫米）
字　　数	205 千字
印　　张	13.25
定　　价	38.00 元

序

呈现在大家面前的这本书只谈了一个话题——教师专业化发展中的理性成长。笔者坚持对一些教育基本规律作探讨，为的就是求得心安与理得。

无疑，身在教育，却游离于课堂的边缘；身在课堂，却不识课程的真面目，这是一些教师的真实写照。作为置身教育、立足讲台的教师，却找不到能证明自我价值认定的缘由，虽然人们不太愿意看到并提及这样的现状，可现实就是这样。

从教三十余年来，我从江苏盐城到广东佛山，从普通教师、教研员到走上校长管理岗位，从佛山市铁军小学、第九小学到环湖小学，走过了漫漫长路。多年来我对深爱的学科教学依旧初心不改，近年我又开始对教师职场生存、专业化发展、人生价值问题等展开审视，将诸多教学、教育的盲区明示出来，努力让教师的“为什么”“曾经是什么”“可能是什么”“有望是什么”等问题更加明晰。本人深知其中的内容仍停留在主观性的思辨和应然性的畅想阶段，并没有基于十分精准的事实和证据而研究，但不可否定的是其中的诚意，融会作者与普通教师一样的人生职场背景，以基本需求和超越性需求的最大化为基点，谋求完全成长和完全自我实现。

本人曾受邀到一些地方做专题培训，得到各级领导、专家及广大一线老师的好评，这主要源于我本人对教育的用心与努力。阿图尔·叔本华曾说：“每个人都期望得到更多，但格局限制了我们的视野，视野限制了我们的所得。”近几年来我利用教育教学管理的业余时间潜心创作，思考教师专业化发展。不只是教书，不只有课堂，除课堂外还有职场，还有家庭等重要的因素，影响着每一位教师的发展。记得当初开始撰写此书，我坐在铁军小学的办公室，“窥视”教育和教师，行笔之间心绪复杂，稍有空余便开始新一轮的“不误正业”，于笔记本中留下了无数的“无题”，这便是书稿观点的原型。

至今，我越发感觉先前的一些想法、观念需要修正，在此书稿中体现尤其突出。当然，书稿呈现在大众面前，就像我与素昧平生的朋友交谈，希望自己讲述的东西可以给予青年教师一定的借鉴，但最怕以讹传讹，所以诚惶诚恐，小心谨慎之余不时提醒自己笔下文字不能带半点负能量。

我们一直倡导真诚写作，反对空谈，反对说教，包括此书。在写作前，习惯性抛出无数个观点，而后采用纪实与叙事的手法，谋求彰显独立精神——将研究的复杂问题，尽量分解为多个比较简单的小问题，一个一个地解读，让人接受并随之践行。

成就卓越教师，带上青年教师们一起理性成长，是本人的向往。正如此时，窗外冬春之交的暖阳照在窗前，笔下文字正被暖阳慢慢地温暖着，我们希冀这些文字先温暖作者，而后再带着这样的温暖映入您的眼帘，进入您的大脑，温润您的灵魂。此书若能对读者有所裨益，那便是我的心愿。

成就卓越教师并不是一件容易的事，努力的过程必遇困局，但需要理性行为和互动。评价卓越教师，有许多重要的指标，诸如需要丰富的教与学的知识去评价卓越教师的专业知识；以促进学生的发展去评价卓越教师的教学成效；以反思教与学和反思教学研究去评价卓越教师的专业精神；以发展专业学习社群评价去评价卓越教师的社会服务。2014 年，教育部正式出台了《关于实施卓越教师培养计划的意见》的政策文件，大力培养教师的整体能力，目标是培养一大批师德高尚、专业基础扎实、教育教学能力和自我发展能力突出的高素质专业化中小学教师。凭借多年的教学感悟，我深知卓越的教师不只是会教书，重要的是源于自我内心的那份主观定位的能动性，并和时代同步。

此书围绕成就理性成长专题，以“卓越、困局、现实、发展、幸福”等作为最核心的几个关键词。在写作的过程中，我以我的经历证明，教师的日子过得艰难，但总能找到解困的办法；我以我的思考警醒您，“那山”不一定比“这山”高，缺乏专业化发展必然会缺少人生财富。面对那些美好不可能成为现实的愿望，解决围城之困，最佳办法便是脚踏实地。

卓越不是唾手可得的！它既不能自发产生，也难靠别人获得。书稿更多源于本人这三十余年的亲身经历。每个人的人生都有两条路：一条用心走，叫梦想；一条用脚走，叫现实。人生的精彩，总是心走得很美，且与脚步能合一。一个人今天的奋斗方向，是他以后创造成就的总和。投身教育，没有成长与发展的需求，注定平凡；没有超越性需求，注定平庸。我是一个不喜欢拐弯抹角的人，面对症结往往会撕掉遮羞布，特别是那些不切合实际的一些想法会被击碎。我依旧是一位教师，我最喜欢为师的身份，我在很多场合都曾这样表示：我有一个永不褪色的身份，那就是教师。

亨利·艾尔弗雷德·基辛格曾说：“世界共享相似的价值观，利益重要的不是放在分配上，而是放在增加上。”构建卓越教师的价值观，是我多年努力的方向，是希望更多的一线教师走向卓越，是“放在增加上”。反对唱高调，全书所写内容源于作者对自己经历的思考，他人也能所及，方才诉诸笔端。比如第一讲，倡导做好“有主动精神、学会表白和实现跨越式成长”三件事，这是本人三十多年来经历磨难、失败或成功后的总结。

本书很多观点带有个人主观性，也有部分观点是借鉴而来，并融入了自己的思考和经历。经历批判让我旗帜更加鲜明，让我更能看清今天之教学，以及它新的走向，让每个人渐渐接近教学，从而有一种深深依恋的意味。“要摆脱一切预断，尊重事实，排除一切在头脑中已经存在的观点。”这是本人的坚守。不反对教师朝更大的目标去努力，不反对去获取更多的报酬，我只是在此苦苦规劝目前尚未跨出教育行业的您必须走好眼前这几步。

我深深地感受到，教师只有突破困局，走专业成长之路，去享受教育的幸福，才算真正拯救了自我。本书力求一针见血地指出导致困局的根源，力求促成教师开放课堂，拥有持续发展的家庭，能走出高原期的迷茫，努力与更多的年轻人携手向着优秀向着卓越进发。

我们的内心容纳着各种矛盾冲突，既是痛苦，也是才能。只有当你愿意承受打击的时候，才能成为自己真正的主人。作为教师，我们依旧认为明智之举是能从职业中找到人生的幸福。

人生，无发展无困局，无困局亦无发展。朝卓越方向发展，困局不是可怕的“局”，是发展到一定时期的产物，而找到解开困局的“密码”才是走向成功的关键所在。让·保罗·萨特在《存在主义是一种人道主义》中指出：“归根到底，起作用的还是情感，情感真正把我推向哪个方向，那就是我应当选择的道路。换句话说，情感是由人的行为形成的，所以我不参照我的情感来指导行动。”

在教育中，出现生命的困惑，出现教师职业生涯的成长高原期，这是好事情。至少说明教师本人不甘于现状，在不断探寻，在不断化茧，在不断突破，在不断超越，在不断追求进步。只要坚持，只要不断前行，就能看到希望，就能走出生命的困境，画出自己教育人生的美丽彩虹。

与青年教师谈理性成长，正如英国的艾尔弗雷德·诺思·怀特海《教育的目的》指出的："教育的本质是言语、精神生命的唤醒、培育和承传。其最高境界是利他情怀、人类情怀、终极关怀，这是人类的'诗与远方'，是自由思想、诗意人生的指向与归宿。"

目　录

第一章

别以为屈才，起色源于坚守三个点

一个人能否走向成功，守住关键时间节点，把住关键人物，把住关键事件，尤其重要。

——题记

何谓困局？作茧自缚。笔者从教多年，每每与人提及教师职业，无论是教师、政府官员、公司职员还是街边的补鞋匠、山野农夫等，几乎一个口吻——教师工作限制人某些方面的发展。同时，举出许多转行的例子。

言者无意，听者有心。于是乎，那些话真让很多教师相信了起来，自己便开始感觉屈才，自己给自己的人生设局，一条价值性判断便应然产生：为师一生难有作为。此结论看似主观，但却并非武断，身边多数教师朋友用其一生就是如此结局。提及此事，笔者总感为师人生最终如此有些不值，原本没有贬损之意，只是为了全面追根溯源，追问涉足教育行业一生平庸的原因，找到解困至卓越的法子。

职场从不私设“囚徒困境”。一个教师如果没有创造出很高的边际价值，没有享受到职场幸福感，主要是因为自己为自己设局。其实，只要明白教师职业专业化的重要性，自然就能知晓自己与理想的距离，就能知晓自己为何一生平凡甚至平庸的真实原因。

一

心存困惑,也许不久就能解开疙瘩。若身陷困局,便难以短期大悟。我们需要的是大智、大勇，是不断寻求解局之道。如何走出困局，行走在通向卓越的大道上，享受到教育的成功与幸福，是这本书的核心。针对刚涉足讲坛的年轻人来说，它是一种牵、一种引，是想方设法地规劝，促其成为优秀的教师；对于那些久处职场而迷茫的中年教师而言，本章将为他们开出“药方”。

关于成就卓越，我们主张“随性发展”。

一位教师若不能认同自己的职业，无疑只会停留在原始状态，抑或不能逃脱世俗的眼光，谁也无法为你找到解困的办法。多年来，笔者总是在追求专业化至卓越的道路上行走，哪怕失败。困局源于自我没有发展，走出困局在于“我，我的”行动与选择。

二

不可否定，任何人的行动往往都带有非常强的目的性，都会在额外收益和成本之间进行选择。如果一个年轻的教师，在三十岁前依旧没有成就卓越教师的行为和互动，很难想象他一生的成就。

评判这个世界,遵循的是满意原则,而并非最优化原则。现代的人，或许将来的人，都是注重现实利益的人。一个有远大理想的人，在追求卓越的路上，任何行为和互动起因都要有利可图，从长远而言对他并没有太大的好处。

三

笔者以“我，我的”人生感悟示人，成就卓越，建议年轻教师应做好三件事：有主动精神；学会表白；实现超越。能做到这三件事，也并不简单。有些教师一生都没做好这三件事，何况年轻教师。建议年轻教师能把这三件事细化到具体的生活中去，并且坚持做这三件事。

世上的路千万条，并不是每一条路都得去走，并不是每一件事都得去做。

第一节　守住关键时间节点，拥有主动精神

主动精神，实乃导向教育的自我强化，追求卓越之人的第一品质。

——题记

主动精神就是守住关键时间节点，主动做事。

主动做事是一种精神，守住关键时间节点，尤其重要。主动精神和人品紧密相连。无数人因职业设定的困局，失去原有的精神状态。不难发现，一个人有没有精神、有没有发展，是可以视其是否积极主动地去做事而加以判断的。主动做事，带有很强的目的性。身在职场，即使心里不情愿，也要主动地去做事，在我们看来也是拥有主动精神的体现。

在生活与职场中，我们发现积极主动地做事的人不多，甚至有些人心底里存在默认的结论：那样的事就该那些人去做。对于年轻的教师而言，不要纠结于何事该谁做，何事不该自己去做？做事虽然与义务有关，主动做事更多地体现为一种尽职尽责。如果只一味地看着别人去做事，全凭思维惯性而显惰性，缺乏对主动做事的目的和意义的思考，何谈职业理想？

主动精神可称作工作精神。在我们看来，做事目的性的明确程度，与所做之事的成效大小成正比。有工作精神的人，往往能把工作条例扩展成工作的范围。主动做事，主动做有目的的事，年轻教师通过教书，找到促进专业化发展的事进而促进人生的成功。成就卓越，提及专业化发展的事，谁也不能替代你。这是笔者的追求，也是大家的追求。

主动精神还意味着有较强的执行力，在需要你做事的时候，能立

即着手去做。这是一种雷厉风行的习惯,也是专业化的体现。我们发现,拥有主动精神的人，在工作中往往能把“半径”变成“圆”，这种精神最终将在很大程度上决定人的命运。

一、有成长就有困局

为师的年轻人，往往在职业发展中有许多困局。其实，一个年轻人的发展不在于职业，从事任何职业都会存在围城之感。有成长就有困局，一个人面临的困局有多深，提升的层级就会有多高。

“人生是一场无休、无歇、无情的战斗，凡是要做个够得上称为人的人，都得时时刻刻向无形的敌人作战。本能中那些致人死命的力量，乱人心意的欲望，暧昧的念头，使你堕落、使你自行毁灭的念头，都是这一类的顽敌。”罗曼·罗兰的这句话道出了人成长的困局，也道出了教师成长的困局。

一个人的发展，主要靠专业化发展。有专业化发展就有困局，专业化发展一是需要有非常明确的发展方向，二是具有不可替代性。正如弗洛伊德所说:“我们相信，文明之建立是为求生存而牺牲了原始的满足而来。我们也相信，当每一个体不断地参与群体中，一再地牺牲他本能的快乐以谋大家的幸福时,文明才得以再创而延展。”我们深知,若要突破专业化发展的困局，每一位教师都应有非常强的目的性。

1. 年轻人的大困局

笔者经常到办公大楼前一个十几亩大的广场走走，那儿种植了数千棵四季不落叶的乔木。几棵直径过米的大树在中央异常醒目，那几棵参天大树的下面光秃秃的，还有几棵能称得上是大树的下面能见到一些杂草，而那些矮矮挤挤的小树下面，虽只有巴掌大的地方，却生长着一些小树苗。

世间种子无数，真正能存活数百年的大树有多少？每一棵大树的成长都必须经历由小到大的过程，面对相对窄小的空间，一棵小树能长成大树的概率又有多少呢？常言道："不想当将军的士兵不是好士兵。"事实是，从一个普通士兵成长为一名将军，不知要经历多少的磨难，有过多少的拼搏。对于千万教师来说，何尝不是这样？一个普通的教师从踏上三尺讲台那一天起，如若没有做优秀教师的想法，他肯定难以优秀。当他朝着优秀的方向努力时，必定要经历无数挫折！

教师职场的困局，更多来自教师发展过程中的局限性。平庸与优秀，是对教师最直接的考评。困局是相对的概念，有时就是一道坎，捉弄人，惹人烦心；有时还像人走进了一条死胡同，进退两难。其实，人的发展就像婴儿学步，是任何人都替代不了的。人越想逃离困局，越会变得无力。对于教师来说，想要优秀，若没有突围的勇气，也只能是空想。

在教师成长的过程中，培训是最大的红利，可又有几个年轻人懂得这个道理呢？

给年轻教师培训的机会、展示才艺的舞台，是促使他们走向成功的助推剂。对于追求卓越的教师而言，他们的困局源于某种需要不能满足。机会只能属于少数人，获得机会的往往是那些拥有强烈主动意识并采取行动的人。无数教师都有这样的一个心路历程，原本希望获得公平的发展机会，原本希望获得相同的发展资源，更多的事实证明，因为"马太效应"凸显，给更多想发展成优秀教师的人当头一棒。然而，他们并不知道与发展机会擦肩而过的原因。现实生活中处处是促进自我发展的场所，时时是自我接受磨炼的渡船，只有走出困局才能穿越到幸福的彼岸。

世间没有无缘无故的恩赐，也没有无缘无故的不公平。积极进取的人，永远走在前列，这是不争的事实。任何一位教师都是从平凡起步的，虽然很多人最终走向平庸，但也有一小部分人成了不可多得的优秀人才。平庸之人的天赋资质往往与优秀者差不多，差距就在于平庸者存在思维惰性，不会反思别人为何优秀，只会让自我士气更低沉。这些人因为缺乏主动精神，导致牢骚满腹，以至于自己瞧不起别人，也瞧不起自己。天生我才必有用。每一位教师都有成为卓越教师的潜质，屈才成不了优秀的人，更多的原因在于对自我困局的认识不足，直接反映在找不到自我前行的出路。

有人也曾明确地撰文总结，教师的成长分为理想期、困惑期和成熟期。行为科学研究的结果表明，人们尝试某种工作，最初的成功与失败对以后成败的影响是巨大的；成功越多，激励越大；挫败越多，伤害越重。那些处在困惑期的失败者，无法从成功中获得激励的力量。于是，他们最终成为没有思想的“教书匠”。值得注意的是：那些有所作为的青年教师，“困惑期”的时间一般在两年左右，而那些最终成为“教书匠”的青年教师，走过这段历程一般至少要徘徊五年。也就是说，困惑期的时间越长，结出的果子越小。困惑期是广大青年教师成才道路上必经的一段急流险滩，能否顺利地、及早地渡过，和青年教师的健康成长有着极为密切的关系。

以笔者的观察来看，三个时期之说有着较为普遍的道理。通过无数的案例对比研究发现，不管是涉足教坛半年还是五载，十年或是二十年，只要一心想要走向优秀，拥有主动精神，什么样的评判法则都会主动向你倾斜，一切的机会都会掌握在自我的行动中。

实现专业化，必然有困局存在。在解困的过程中，往往会由困惑发展成困局。就个体而言，其种种不良反应各不相同，各有其深刻的主客观原因。例如，学校地理位置的偏远，不良的家庭生长环境，不当的领导方式，紧张的人际关系，都会加剧这种“困局”对众多年轻教师的正常成长造成干扰。那么，怎样才能让教师走出大困局，成为优秀教师呢？

务实进取，正确选择近期奋斗目标，锁定“中间成就值”是解除自身困局的前提。年轻人容易犯的毛病是好高骛远，大事做不来，小事又不做。这是成功的大忌。这里有一选择“最佳发展区”的问题，需要年轻人谨慎对待。目标定得太低，容易成功，对自己帮助不大；定得太高，多次失败，容易失去信心。行为科学的研究成果表明：动机、行为、效果、动力是一个互为因果的整体，适度目标的实现，能给以后的行为产生更大的动力；反之，多次行动的失败，会使今后的行为失去动力。实现专业化修炼来讲，选准“最佳发展区”尤为重要，做好了方才可及时给予成长路途中的“中间成就值”，为后续的发展产生前行动力。

年轻人遇困不可怕，在解困的过程中，谨慎择友非常重要。一个人在弱小的时候，自身免疫低，极容易受到负能量的侵蚀。笔者刚踏入社会时，还记得有一“朋友”所授真经：让我“不要怕”，即对自我行为后果不要怕，只要把握了最大值，谁也不能对你怎么样。现在想想，如若有“朋友”告之做事应该考虑行为效果的最大值，尽可能追求良好效果，防御行为后果的打击，定然会是两种不同的处事态度和风格。进入职场的人们千万不要忘记因交友不慎而造成“一失足成千古恨，再回头已百年身”的沉痛教训。一定要选那种道德修养好、学识水平高的人做朋友，而不要把那些“发发牢骚，传传小道，骂骂领导，不干实事”的人引为“知己”。不然，你的生命之舟就永远只能搁浅在困惑的岸边。

人可以为未来谋，主动实践才能创造出一个全新的自己。一个年轻人未来发展的可能性谁都不能提前十年或二十年锁定，关键在于理想的确立。本人多年前立下“书香课堂、激情互动、熏陶感悟”的为师人生目标，可二十年前还真没有想到二十年后的我真能实现。如若没有二十年前立足教育研究为今日谋，定然不会有至今理想的达成。成为一名优秀教师，道路是曲折的，会面临诸多困惑，关键在于不要望而却步，关键在于能认真对待每一个困惑，直至解决。当困惑迎刃而解，自然就会创造出一个全新的自己。我们不能回避实践中遇到的一些困惑——常常超越想象和承受能力，让人束手无策，可这并不是我们放弃进取的理由，办法总比困难多，现实中只有寻找新途径来征服它，我们才不会成为困兽，而是斗士。这样一来，优秀就会离我们越来越近。

青年教师应谨记：抱怨自己由平凡变成平庸，不如去深思成功人士为什么努力追求专业化发展，而后效仿。

2. 把住关键事件突围

在一个人的成长过程中，成功的机会有限，往往抓住一次，人生就能获得一次向上的台阶，就能获得一生成功的可能。常言道："机遇是给有准备的人。"事实是，90% 以上的机会给予的是那些富有主动精神的人。这里，笔者进一步将机遇具体化，让大家明白如何从关键事件中突围，清醒地认识到主动精神的本质在于面对现实，能把住关键事件突围。

教师可以平凡但不能平庸，应努力获得生存与发展的空间，但这一切得来并不是一件容易的事，它需要大家苦心经营，以积极主动的心态去面对现实，才能获取属于自己的成就。至此，笔者所谈的影响教师发展的关键事件，实质就是一个"拐杖"。鼓励所有的读者用心去寻找影响自己成长的那些关键事件,从而顺利地迈过人生的"拐点"，让自己感受到更加敞亮的前景。

把住关键事件的关键，在于围绕成长的事件做出关键性决策。关键事件的概念是沃克在研究教师职业时提出的。关键事件是指个人生活中的重要事件，教师要围绕该事件做出关键性决策。它促使教师对可能导致教师特定发展方向的某种特定行为做出选择。

关键事件往往相伴至卓越的机遇，具有不可重复性和偶发性。教师在成长过程中，难免会经历一些关键事件。当这些关键事件出现在教师面前时并不明晰，承接完成它并带有难度，是绕过回避还是迎难而上，这对教师人生的影响深远，如若对比自我经历前后就可以感知。如若回避机遇被他人抓去，只能以未来的人生中与他人对比中才可能感知。教师只有慎重对待人生的关键事件，才会更好地促进自己的专业发展，凸显"自我的比较优势"。

判断是否属于关键事件，一个基本特征在于通过体现专业化，彰显自我的比较优势。在教师的专业成长过程中，不同阶段的教师所面临的教育关键事件的主题是不同的：刚走上教师岗位的教师面临的关键事件主题一般为课堂教学的技能和班级管理；有经验的教师面临的关键事件的主题一般为课堂中学生的自主学习和有自身特点的教学；专家型教师面临的关键事件的主题一般为课堂教学的创造性、艺术性和学生个性的发展。教师弄清楚了这些主题，采取对号入座的方式，就容易梳理自己课堂教学中碰到的关键事件及问题，就容易理性地思考具有典型意义和普遍意义的关键事件和关键问题，继而把它们当成自己专业成长的课题。

链接 1-1

走过转角迎亮堂

我居住的老房子，在很深的一条胡同尽头。那里极其隐蔽，一条曲曲折折的死巷，两边的墙极高，一走进去，就有一种幽深的感觉。古老的连脊房，屋檐低矮，加上外面的高墙，屋里屋外都是一片阴暗。

邻家住着一对中年夫妇。两人经常发生口角，一墙之隔的我，听得清清楚楚。多是那女的埋怨男的，说他不争气，跟了他不能风风光光地住高楼大厦，要委屈地待在这死胡同里。男的是邮递员，骑着一辆墨绿色的自行车，一干就是二十年，这个城市的街街巷巷，都留下了他的足迹。有时我想，过了快半辈子了，还有什么可埋怨的呢？

有一次，邻家发生争吵。女的高声叫嚷，吵到激动处，把一件东西摔在墙上，传来一声哗啦的破碎声。然后，就听见男人摔门而去的声音。

由于平素处得不错，我忙出去，怕那男人想不开。我和他并肩走在窄窄的胡同里，他阴沉着脸一言不发，我亦沉默，在高墙之间只有浓重的阴影。走了一会儿，到了胡同口的转角处，刚走过去，阳光呼啦一下就照射过来，眼前是大街上的车水马龙。我看见他脸上的阴郁也融化在阳光里，眼睛里闪出亮色来。

他转头对我说："谢谢你，兄弟，我没事。其实，你嫂子挺好的，就是心里搁不住话。虽然她常数落我，可过后就好了，要不她还能和我过这么多年？吵架的时候我也生气，虽然我觉得是自己不好，没能让她过上好日子，可我生气的时候也是很压抑的，气急了就走出门。过了这个转角，眼前就开阔了，心里也就敞亮了。"

我说："你能这么想，真好！"

他指着眼前的大街，说："这里的每条街道，我都走遍了，每一家的门，也都敲过了。刚开始当邮递员时，心里也不乐意。那时，我常气鼓鼓地去送信送报。可渐渐的，当我敲开别人家的门，递上他们渴盼已久的信件，他们表现出来的快乐立刻就感染了我。于是，我慢慢地喜欢上了这个职业，给别人送去快乐，也给自己带来满足。那时我就想，人的一生曲曲弯弯的，说不定在哪个转角就看见阳光了。就像我刚才气冲冲地出来，穿过胡同，走过这个转角，心情就好起来了。"

那一刻，我充满了感动。这么朴素的人生道理，每天我也要走过这个转角许多次，却从没有体会过。

生命中的每一个转角处，都有希望存在，走过去，或许就是另一片天地。

"走过转角迎亮堂"，尽是男人的心事，而摆在无数教师眼前的困境，又何尝不与此类似呢？人生经常因平凡让心中留存压抑，无法感受到生活的阳光。其实，生命中的每一个转角处，都有希望存在。走过去，或许就是另一片天地。

文中邮递员的经历就是关键事件，面对关键事件，他做出了正确的选择。教师面对这样的关键事件，也离不开选择。当学生精神不振时，你能否使他们振作？当学生茫然时，你能否给以启迪？你能否听出学生回答问题中的创造？你能否察觉出学生细微的进步和变化？你能否让学生自己明白错误？你能否用不同的语言方式让学生感受关注？你能否让学生的争论擦出思维的火花？凡此种种，对于教师来说都是一种选择。

任何人一旦正确地选择出自己的关键事件，就能获得更多的额外收益，使自己看到这些事件的独特，感悟到其中的深刻道理。这时候，人们常常是以“自传”的方式开始记录这些关键事件。其实，在记录自己遇到了什么问题，怎样遇到这个问题和怎样解决这个问题的整个过程中，就是在以自己的生命经历为背景去反思自己和观察世界，从而可能激发出许多连自己都意想不到的想法。这种教育“自传”式的“亲在”，使发生的事件不再随记忆淡忘而成为无意义的东西，它给看似平凡、普通、单调、重复的活动赋予奇妙的韵味，从而凸显了对这个世界和生活创造的意义，就跟那位邮递员阳光的心态一样。

追求专业化的比较优势，才会在闪现中把住关键事件，从而创造出人性的魅力，教学才不会只是教学，而是与理念、哲学等关系紧密的艺术性活动，与一个人的成就值紧紧相连。

不可否认，教师职业是一种使别人和自己都会变得更加美好的职业。在讲台上发生着许许多多平凡的和不平凡的故事，这些在教育教学活动中所发生、出现、遭遇、处理过的各种事件，不是瞬间即逝、无足轻重的，它会长久地影响学生和教师的教育教学及生活。从这些事件中，一个年轻人能够学到很多东西，得到很多启发，甚至会产生心灵的震撼，从而感受到因从事这一职业而带来的内在尊严和欢乐。这正是对教育关键事件研究的意义所在。

能否把住关键事件，关键在于能否触动“灵魂深处”的隐性教育观念，从而改变自己的教学行为。教师的隐性教育观念“是个体的教育知识背景或教育知识图式的一个组成部分，是教师解释教育现象，规范教育实践，解决教育问题的一个内隐的解释性框架”。引导自己接受新的教育观念，这是一个非常严肃的问题。笔者认为，通过教育活动中的关键事件，帮助教师自己认识新旧教育理念的本质区别以及操作上的差异，触动和揭示教师的隐性教育观念，对教师的专业成长起着举足轻重的作用。

能否把住关键事件，关键在于能否促进教师职场生存方式的改变，从而追求一种智慧的教学生活。很显然，教师的生存方式关乎教师的发展。狭隘的生活、重复的生活是长期以来教师主要的生存状况。近乎单调的生活方式往往容易使人失去新意和情趣，产生职业倦怠。更为严重的是，在缺乏突破的繁复的日常生活中生活过久，教师就会对这样的生活方式习以为常、自我满足，从而缺乏寻求新的更高目标的意愿和行动。然而，新课程改革对教师提出了新的要求，需要打破已有的生活方式。这对教师的心理施加了很大的压力，引发几种常见的心理不适现象：自我否定的痛苦感、新型师生关系引发的不适感、自身素质缺失的焦虑感、相互矛盾的现象带来的茫然感以及从与他人的对比中产生的自卑感等。这些是需要改变的，是需要通过一种智慧的方式来改变的。把住关键事件发现自己，在于抓住关键时间提升自己，才会改变自我的心境。

青年教师应谨记：在人的一生中，关键期往往不长，关键期里的关键事件常常不多，如若不抓住，就会后悔一辈子。

二、主动精神是一把钥匙

一把钥匙开一把锁。在笔者看来，屈才就在于差一把钥匙。成长历程中的困局之门，似乎就是一把锁，对于拥有能打开这把锁的钥匙的人来说，一切阻碍或困惑都形同虚设。在持续前行的途中，在拐点处无不是虚掩着的几道大门，都上了几把巨大的铁锁。这时，对于拥有主动精神的年轻教师来说，再向前走一步，勇气倍增后就是一把无形的万能钥匙。

主动精神的本质，在于提升自我的紧要的边际机会成本，促进自我专业化发展。拥有主动精神的动机，是因为这样能增加一个人的发展机遇频率，凸显一个人的“比较优势”，在竞争中抢占先机。

任何一位教师要想跻身优秀至卓越的行列，必须经历一个“追求比较优势”的过程。教师由普通走向优秀，是一个专业化长期持续发展的过程，是一个内驱动力不断扩张的过程。在本小节中，笔者将结合亲身的经历和感悟，解开成为优秀教师前的一些迷惑，期盼青年教师都能手持无形的万能钥匙，顺利打开困局之门。

1. 搭建思想的支柱

涉及解开困局之策的探讨，笔者努力避免空洞与抽象的诠释。谈及经历漫长的炼狱过程，在此，先引入何谓“思想”的概念。在笔者看来，思想即拥有做事的倾向和做事的能力。人们拥有主动精神，是思想的目的性体现。

开启主动精神这把钥匙，促进专业化，获得人生价值的认定，这其中不能缺乏思想支柱的建构。这是因为，一个人只有拥有思想支柱，才能越走越远，才会拥有承担重负的能力，才会做事有目标、有盼头。

思想支柱到底是什么呢？笔者小时候的两次经历或许能给予诠释。两次经历都发生在收获的季节，一是笔者见父亲用风车扬弃秕谷的情景。水稻收割经过暴晒后，父亲必将水稻在风车上经过几番的扬弃，才会将饱满的稻谷装进粮仓。二是笔者见母亲将饱满和干瘪的大豆分拣的情景。母亲找来一个平整的盘装下半碗大豆，将盘执手中略带力向前一摇簸，饱满的大豆很自然地就滚落到她面前的竹筐里。那时，笔者只晓得这是一种分散优劣的方法，也没有问为什么。后来，踏上三尺讲台，经历了长时间的磨炼，猛然明白了其间的道理。

任何行业都会分出两种人来，一种是优秀的，一种是平凡或平庸的。大千世界也怪啊，为何芸芸众生在这分离的过程中，会自觉地站到属于自我的那个队列中去呢？这就是留存在每一个人身上的精神折射吧。在笔者看来，思想支柱是主动成熟的依靠，它支撑着自己进入优秀队列。

精神是状态的内涵，思想更多的是对结果的显示。主动成熟，是拥有主动精神的具体化，只有主动成熟，才会经受住行业的过程性评价和终结性评判。笔者见《教师不跪着成长》一书中，在涉及精神那一章节里，对其本质做过阐释，曾指出在人的内核里它是一种自强、一种独特、一种不朽和一种执着。搭建思想支柱，说得再通俗一点，也就是我们必须做一个有思想、有精神的人。为何有的教师非常努力，而最终遗憾自己依旧离卓越有一定距离，其根源就在于他的一生没有思想,也不敢称自己是一个有思想的人。这是因为,做一个有思想的人，除了必备远大的目标，还要拥有独特的促使自己走向成功的方向，彰显专业化,让自我成熟起来。在笔者看来,教师完全可以自查是否优秀，那就是自问有没有教育思想，有没有为之努力的足迹。探讨思想和精神，不免有些抽象，因为这些属于人生观的基础概念。其实，拥有主动精神，目的在于铸造自我的行事风格，增添自我的行事内涵，才会求得成熟，工作才会有的放矢。从教师专业成长的角度而言，要彰显比较优势，这里必然包括思想支柱这一内核。就像教育家陶行知一样，一边教学，一边思考，一边研究，一边实践，一边归纳，一边升华，不断寻求成熟，最终成为教育大家。

教师的本职工作是什么？努力把书教好，把人育好。除此之外，还应做些什么？体现专业化，让自我有明确的发展目标，在职场中具有不可替代性。可现实是，至少百分之九十五的人最终没有成为优秀者，因为他们都有两个特征，一是他们没有人生目标，二是他们的工作不具有专业性，谁都可以替代。

在这个世上，做事的多少并不能表示具有价值，关键在于能做具有提升自我的认定价值的事。寻找自我成长的支点，找到解困的钥匙，不断地提升自我主动精神，这是笔者近十年来专业发展之路的总结，即所谓通过不断学习与构建，最终让自己变得更优秀、更有主张。这也是笔者所说的教育思想。

多年来，本人坚持一个信念——“只干好一件事”。教师何尝不应该是这样呢？教师要做好一件事，体现出专业性，体现出不可替代性，才会受保护、受推崇、受效仿。当前，教师专业发展正日益成为关注的焦点。对每一位教师而言，关键在自我的行动和互动，关键在自我的额外收益和成本之间的选择。

搭建思想的支柱，离不开主动走向成熟的过程，否则就会处于低水平循环的状态，没有实质性的变化。其间，读经典，效仿大师也是非常重要的。现代社会，不读书不学习的人很多，有些人即使读书也只喜欢快餐文化，很多教师也是如此。不站立于巨人之肩膀前行，是难以致远的，得不到大师的真传是难以实现专业化的。读经典最大的好处在于，通过经典这一桥梁，直接与大师对话。前人与现代人的思维往往是相通的，前人面临的问题今天依旧存在，借助前人的经验进行探索，站在前人的肩膀上致远，这样更利于升华自己的教育思想并指导实践，缩短专业化修炼的时间。

建构思想的支柱，是一个促进自我不断成熟，促进专业逐渐形成特色的过程。这过程就像铸就一个人的信仰一样，带有鲜明的个性特色。最初，行走在前行的路上，往往会势单力薄，关键在于必须拥有利他思想。一个富有利他思想的人，拥有主动精神，在利他的过程中，最终会达成双赢。向他人打开一扇窗，给自我开掘一条道，凡此种种，教师必定获益，学校也必定获益，何乐而不为呢？

拥有思想的支柱，在专业化修炼的过程中，只要能主动做事，并拥有主动精神，就能找到构建的方式和方法。一些人重视主动做事方法的价值，而另一些人因为忽视了主动做事方法而骄傲，沾沾自喜于多一事不如少一事。没有主动做事的动力和方法是可悲的，但是完全依赖也是错误的。因为你开始虔诚地学习其中的规则，之后才能依据你自己的智力和能力进行改进。

青年教师应谨记：主动做事是一个人专业成长的思想支柱，利他情怀是一个人的精神家园，上升成为思想的支柱，前行中往往会感知到不竭的动力源，引领一个人由成熟到成功。

2. 主动≠主动精神

不可否认，主动精神是解困的一把钥匙，但人们应该明白主动不等于主动精神。主动的本质是一个人做事时的事态倾向，只有融会了精神的内核，才会真正建构起精神支柱。

不可否认，主动是一种良药，是一把钥匙，但若读者全信了这点，常常还会走进另一个死胡同。不是吗？对于教师，这样主动的人也有很多。如人们所提及的老实人、老好人等，就人品来说，这绝对是褒义词；就其素养提升来说，差不多又成了贬义词。因为前者所指的是这样的人肯吃亏，愿意主动；后面是指这一部分人做事多会因循守旧，甚至是抱残守缺。

一个人持续朝着既定的正确方向发展，总会获得成功，但这绝对不是老牛拉磨在原地转圈。前行中如若只顾低头走路，不看方向，哪怕教师职业生涯再长，也并不能自动地给予教师洞察力与智慧。一位十年教龄的教师，完全可以自问是真正地教学了十年，还是做了一年的工作，再重复了九次？在此特别指出，无数教师老牛式的工作方式，绝对不是我们倡导的。这也是主动跟主动精神的差别所在。眼界决定境界，定位决定地位，思路决定出路。在这里，笔者可以一针见血地指出，很多人的主动其实是一种假象，是做给别人看的主动，甚至可以说是一种被动，是被动中的主动。例如，一些专业化发展处于停滞和退缩阶段的教师，平日里任劳任怨，主动地承揽无穷无尽的事，但他们常常会局限于自己的狭隘经验，或在习惯行为中不能自拔。

专业化发展最大的特征是在利他的过程中获得双赢，不只是做事利他，更是让自我在做事中提升专业素养，这其实也是判断是否具有主动精神的尺子。在日常教育教学工作中，不乏这样的人存在：领导叫我干啥我干啥，被动地跟着上级领导走，跟着日子走。毋庸置疑，学校领导是否认可，是否给教师提供发展机会，确实影响着教师的成长。但若专业化没有发展，何来教师的成长？事实证明，教师素养的提升任何人都恩赐不了。教师在主动做事的过程中，完成交办任务更易事半功倍。主动去寻找适合自我发展的点，主动去做他人不可替代的事，才更易走向成功。

常听人们编撰龟兔赛跑的续集——龟兔复赛的故事，兔子吸取之前麻痹大意、偷懒导致失败的教训，一路狂奔，可最终还是稍逊一筹，落在了乌龟的后面，因为他跑错了方向。同样地，教师为了促进自己朝着优秀的方向成长，自己的实力再强、条件再好，也要依赖于明智的战略指导。可以说，战略决定胜负，这对于主动发展的教师具有重要的借鉴作用，往往是只要找准了方向，就不怕路有多远。

在一个教师的成长过程中，有明确的“的”非常重要。“的”，箭靶的中心，前进的方向。笔者的理解就是要在教师人生中，树立起自己的人生之“的”，在竞争中求胜。就像文中的乌龟最后取得胜利一样。孔子说：“君子无所争。必也射乎！揖让而升，下而饮。其争也君子。”意思是：君子没有什么争夺的事，除非是射箭比赛。相互作揖行礼，上堂比试，完毕后下来喝酒，这竞争就是君子的竞争。作为教师，虽不是比射箭，但需要大家在竞争中求胜的地方是很多的，这就需要找到“的”，围绕那个“点”。这就是目标。

在现实生活中，有些教师之所以表现平庸，就是没有确定一个明确的目标，持之以恒地走下去。而所谓成功的教师则是树立一个坚定的目标，并坚持走到了最后。这就是教师自己人生的理想。教师只要有目标，始终坚持，就一定能够到达胜利的彼岸。

不可否认主动精神带有非常强的目的性，只要具有利他情怀，就不会是负能量，不会被别人贬损，不会被他人理解成“贬义词”。每一位教师只有科学规划，然后朝着自己的目标，抓早抓细抓实，方才可能心想事成。

这个世界往往遵循着“想什么”“要什么”“有什么”的心想事成的逻辑演变法则，我们只有朝着梦想出发，并且是主动地去做事，才会真正让自己解困。有一句名言：“我们因梦想而伟大，所有伟大的人都是梦想家。”的确，成功需要梦想，越是渴望成功，就越有力量。这是因为，只要你心怀梦想，并为之努力时，智慧的大脑才有可能让创意之花绽放，而且越来越灿烂！当然，实现梦想的道路并不平坦，它既是挑战缺陷的过程，也是一次冒险的过程。自身的缺陷可能使你害怕，甚至是绊住了你追逐梦想的步伐。但大家要知道，这些都只是暂时的，这一切通过自己的努力完全是可以改变的。因为不断挑战缺陷，自己将变得更加自信，梦想也就离自己更近了。

拥有主动精神在于肯下苦功。下苦功不是一句口号，而是一种做人做事的积极进取的状态；不是涉难历险的权宜之计，而是奋发有为的一贯精神。它具有恒久性，什么时候舍弃了它，什么时候就舍弃了成功。它具有普遍性，教师在朝着梦想前进时，从事的活动缺失了它，就缺失了收获。如攻坚阶段、关键时期下苦功，要敢钻“矛盾窝”，攻克难关,锤炼意志和才干。正如清代陆世仪在《思辨录辑要·诚正类》里所说:“欲求真受用，须下死功夫。”下苦功抓大事，下苦功做细活；不是要过得去，而是要过得硬。如此下苦功，以苦明志、以苦生威、以苦励德，就有硬邦邦的成绩。

青年教师应谨记:不能只是埋头拉车，还得学会抬头看路。

第二节　抓住关键他人，学会“表白”

对于一个处于发展阶段的年轻教师而言,“表白”是要主动做事，争取机会去做利他又利己的事。

——题记

能抓住关键他人，将“表白”作为经验之谈的人，肯定不多。这是因为,“表白”在一些人眼里属于难以启齿之事，因为他们往往会满脑子负能量，只要想到“要什么”就带有自私的内涵。其实，对于一个处于发展初阶的年轻教师而言，甚至对所有人而言，“表白”是要主动做事，争取机会去做利他又利己的事。

本章所指的“表白”，内涵就是去努力争取给自己成长的机会，给自己发展的平台，让自我不再“憋屈”。人的一生往往也需要这样的机会，也需要这样的平台。笔者对此感受颇深，因为这些是笔者的教训——只有“表白”，才能获得自我所需要的；这也是笔者这一路走向成功的经验小结。有一位朋友谈到他的成长经历时说：“2012 年底，要是没有我鼓足勇气向分管副县长‘表白’，到教师进修校是我最好的去处，肯定没有我今天成长的平台。”

成就卓越，抓住关键向他人“表白”，对年轻人的成长很重要，只是很多年轻人没有向领导“表白”的人生经历，常常少了发展的平台。笔者并不否认，人人都有这样的愿望，是希望给自己发展的平台，希望给自己提高素养的学习机会。但到现实中，大家就缺少了表白的勇气，自然发展平台便一次又一次离自己远去。笔者一直相信，这世界真正能帮助自己的人是自己，毛遂自荐，会为自己争取到发展的平台，总比那些有想法而没有行动的人正大光明。

一、靠近伯乐

谁是人才呢？对于人才的认定，几乎每一个教师都充满自信，心里认定自己就是人才。其实可以再追问一个问题：谁有知识呢？几乎每一个教师也会充满自信，认定自己有知识。现实社会对于人才的认定通常会把那些有用的知识称作知识，把那些掌握有用知识的人才称作人才。拥有知识是人才，这只能说是一个非常大的且宽泛的概念。平凡至卓越，强调现实的重要并不是让人们变得势利，目的在于让所有教师都变得清醒，想明白自己是不是人才，而后更加明白自己努力的方向。

一个人的事业发展，机遇的重要性不言而喻，就像前面章节所言，通过主动而不懈的努力，提升了自我的素养，那也只能说明自己能做某事，能胜任某岗位，但并不表示自己就有机会去做某事，就有表现自我才华的岗位。另外，一个人能走多远，看他与谁同行；一个人有多优秀，看他得到什么人的指点；一个人有多成功，则看他与什么人为伴。说得再直接一点，有些人之所以成功，多因为在他迈向成功的路途中，会遇到适合自己发展的伯乐。后面章节与大家交流这个话题。

1. 难得就因那几回搏

人生难得几回搏。我们中的大多数都是零起点，一切都只能靠自己的努力。在笔者看来，这些都是现实，都是阻碍大家前进的困难，关键就看大家面对困难的态度，以及采取的相应行动。

一个人的成长靠自己，成功更多还得靠外力。从一个平台走向另一个平台，说者容易做者难。作为教师，要把握好每一步，每上升一个台阶，其人生呈现出来的就会是另一种风景。

获得外力的支持，能给教师真正人生外力的人，就只有那么几个，甚至只有一个。这就是人们常说的伯乐吧。正如古人所言，千里马常有，而伯乐不常有。是让伯乐发现你，还是你自己去发现伯乐，这很重要。发展观的不同，往往影响着一个人的成长。人生难得几回搏，主动找到自己的伯乐，主动地向他们表达，说出自己的愿望，真如此做了，离成功恐怕不远了！

自己主动走向伯乐，往往能大大地提高一个人成功的概率。作为年轻人，有什么想法，一定要说出来，学会“表白”，主要是向影响自己成长的伯乐说出来。比如，我们想做某事，想要某个岗位，就得主动张口。否则,别人特别是学校领导就不知道你的真实想法。这时，有想法的人心里压抑，甚至寝食不安；不知道你想法的人，不了解你的处境和能力，也无法给你提供展示的平台，想快速地成长自然是空谈。

当然，能“表白”的人还要注意度的把握。教师要“表白”，什么时候“表白”,说什么话,都要适度,过严或过松都可能给自己带来不利。教师要知道自己想法实现的难易，要了解对方态度，这样的思考相信是有益的。“表白”确实是应该讲技巧的，这技巧是在平时的锻炼中逐渐提高的。教师只有平时大胆地练习，并在练习中思考、学习，才能让自己成为一个会“表白”的人。

一个人在职场从平凡至卓越会经历多个阶段的成长历程。这多个阶段分别是初入职场的探索阶段、迅速发展和稳定阶段、停滞和退缩阶段、持续成长阶段等。这多个阶段其实就是连续的多个困局，一个阶段的困局就会影响下一个阶段的成长。多个阶段就如多个阶梯，伯乐所发挥的就是阶梯的作用。教师要想达到更高的层级，必须走出这些困局。

链接 1-2

千里马传奇

秋高气爽，草原上一年一度盛大的赛马会开幕了。

成百上千的马早早就从各个地方汇聚而来，大家雄心勃勃，因为优胜者将被选送到皇宫成为御马，而且冠军还将成为皇帝的坐骑。这样的生活，是每一匹马的梦想。夹杂在马群中，年轻的千里马对夺冠充满了自信。就像群马所说，谁能与它争锋呢？尽管这样，在赛前的夜晚，千里马还是早早就休息了，养精蓄锐赢在明天，期望一举拔得头筹。

就在香甜的睡梦中，千里马的后腿突然受到猛力地踹击。等它疼醒时，袭击者早已逃之夭夭。比赛如期举行，拖着两条伤腿的千里马勉强参赛，却连前百名都没有进入，它只好痛苦地回到了家。

第二年秋天，千里马又去参加赛马会了。赛场上，一匹匹马摩肩接踵。据说，这次的优胜者将成为将军的坐骑，跟随将军征战，有可能建功立业。这同样是千里马梦寐以求的。

这回，千里马安然无恙地来到了起跑线上。发令枪响，群马奔腾向前。很快，千里马就一马当先，将其他的马落得越来越远。但是，冠军却不是它。遥遥领先的千里马由于认错了方向，遗憾地错失了名次。后悔不已的千里马只好又回到了熟悉的家。

来年，第三次草原赛马开始了。这次的赛马会，参赛者远远少于前两次，因为优胜者只能到各个驿站去，成为一匹传递文书的普通马。可是，千里马依旧展示了它非凡的实力，成了名副其实的冠军。之后，它来到一个偏僻的驿站，虽然吃着一般的食料，可它依旧兢兢业业地在驿道上奔跑着，每日辛苦地传送着文书告示。

花开花谢，寒来暑往，千里马在驿道上不觉已跑了两年。一日，敌人突然大肆入侵，边关紧急求救。接着，边关十万火急的求救信函交到了千里马手中。千里马日行千里，连续奔跑了三天三夜，将信函用最快的速度、最短的时间送到皇帝手上。由于出击及时，危险很快解除了。

后来，千里马受到了皇帝的册封，将它赏赐给了最出色的将军。于是，千里马带着它的夙愿，开始在沙场上建功立业。

故事中的这匹千里马几番拼搏，几经坎坷，终于修成正果，达成了自己的夙愿——开始在沙场上建功立业。卓越教师的成长并非一帆风顺，往往也会充满坎坷。

生活与现实是残酷的，更多与千里马相关的故事中，主角都少了主动精神，隐身于大市，与普通马混杂，为此普通一生，甚至更加衰弱。与其如此，还不如隐于小野，快活自在，做个“常马”。但是，作为教师，职业身份决定了我们的职责，怎能做“常马”呢？伯乐认识千里马是要有一个过程的，用语言将自己的诉求表露给人生中的伯乐，这最多算是向成功迈出了重要的一步。想获得更好的平台发展，几乎是所有人的愿望，平台资源本就是稀缺品，我们凭什么获得呢？伯乐其实也有伯乐的难处，难的就是你的实力。一个没有实力的千里马又怎么能得到伯乐的赏识呢？现在虽不像古代战场上那样出生入死，但职场的竞争也很激烈。为此，你需要一个良好的心态和令人叹服的实力。

比梦想更重要的是才华，比才华更重要的是心态。有了良好的心态，教师一切困局都能轻松化解。对于众多普通的教师来说，也许有一千次的抱怨，也没有一次主动向着伯乐靠近强；也许有一千次的努力，也没有一位伯乐拉你一把强。

值得注意的是，在没有被伯乐发现时，大家更应保持平和的心态，主动积累自我职业生涯的本钱。简单地说，至少应涵盖三个方面的修炼。一是工作的能力，包括专业技能、管理储备的知识等。二是积极的态度。工作态度及风格要契合自己的就职岗位，要有开阔的视野、兼容并包的心胸，要有善于向他人学习的精神。三是诚信的品质。GE前总裁杰克·韦尔奇曾表示：“诚信，这是我们的最高价值，具有至高无上的重要性。”确立并保持诚信等为人处事的品质，这依旧是千万教师立于不败之地的关键。

在人生的旅途中，除了等伯乐的到来，还应努力寻找自己的伯乐。靠近伯乐的机会是非常多的。一是多参赛。现在有很多的考试和选拔机会，如竞聘考试，各种各样的选秀、擂台赛等，这些赛场都为千里马们提供了一个很好的展现自我实力的平台。二是多交友。记得有一句广告词是这样说的："请大家告诉大家。"一个胸怀雄才大略的人，要广交朋友，扩大自己的社交圈。哪怕再有才华，封闭了自我，别人也很难识别你是千里马。主动让别人了解你，这是一种智慧的体现。三是多留名。要充分发挥自己的特长，通过各种方式展现自己的才华。例如，写作能力强的，就可以多写点东西，在报刊媒体上发表，就有机会让伯乐来发现。四是多走动。本人无意鼓动阿谀奉承，但是，处理好和领导之间的关系也是综合素质能力的一个重要方面。

青年教师应谨记：伯乐没有出现，其实这已从侧面反映出教师的努力还不够。

2. 不可顺其自然

当下，很多年轻人的职场发展并不理想。主要原因还是不够努力，且多数人有随大流的现象。

不可顺其自然，这是笔者对年轻教师的提示。笔者一直坚持把所谓困局当作纸老虎，而事实是不少教师被吓倒，并且已经心甘情愿地掉入泥潭，达到不可救药的程度。那些不求上进、但求无过的苟且生存，实则是一种十分可怕的病症。那些憋屈地面对前途感觉心灰意冷的教师，顺其自然的心态，毫无斗志的表现，几乎等同于慢性自杀。

做一个卓越的教师，做一个有智慧的教师，笔者的观点同样鲜明：反对一切不求上进的顺其自然的行为。也许规劝依旧苍白无力，不过在这里可以负责任地告诉大家，真想脱离低级趣味，只要努力，不顺其自然，一生即使没有大事业或大发展，也一定会有小成就或小发展。

职场中，一些年轻的教师顺其自然，只留存下声声叹息——为师感觉心里憋屈。没有了勇气，没有了精神，没有了思想，流入大海再分不出一个你我，落入大地成了茫茫的尘土。

人们应该明白，一位教师如若在专业化发展的过程中以顺其自然的状态走进教育，完全等同于自我否定。一块顽石，愿意接受打磨，它才可能变成精品；它若顺其自然，只能是沧海一粟。一名教师从踏入职场开始，如果只记住了自己的职业，而忘记了自己的事业，少了努力，以顺其自然为荣，甚至是主动顺其自然，就一定会成为不求上进的一员。这种以丧失追求而融入大集体的做法，沿途看不到风景，当有机会向他走来时，他也只能是眼巴巴地让机会溜走。

链接 1-3

陈涉的壮志

秦朝阳城（今河南方城县）有一个叫陈涉（名胜，字涉）的人，年轻时曾经跟别人一起受雇给富人家种地。

有一天，他放下农活到田埂上休息，对秦王朝肆无忌惮的征调劳役、不断加重对老百姓的压迫和剥削的社会现实愤恨不平，就决心摆脱压迫和剥削，改变目前的社会地位。他对他的同伴们说："假如将来我们中间有谁发迹富贵了，可不能相互忘记啊。"同伴们讥笑他："受雇给人家种地，怎么能发迹富贵呢？"陈涉长长地叹了一口气道："燕雀哪里会懂得鸿鹄的凌云壮志呢！"

秦二世（胡亥）元年（前 209 年）七月，陈涉与吴广发动农民起义，建立了中国历史上第一个农民政权。

"燕雀安知鸿鹄之志哉！"现实生活中，有无数像燕雀一样的人，身处那样的人群中，又有多少人会与众不同，而产生远大抱负呢？

在我们的现实生活中，这样的事例并不少见。记得二十余年前，与笔者同时毕业于师范学校的那四十多位同窗，现在看来已有了很大差别。毕业时，分配到边远而艰苦地方的教师和当初毕业时就已分配到城区学校的教师，差不多都成为首席教师；那些分配到中等条件学校的一些教师，处于一个整体无抱负的集体中，学业和事业进步不大。其实也可以理解其中的原因，到边远地区任教的教师因为条件的不足，总在不断地努力奋斗，为此提升了自我，改变了自我；那些留在城区的教师，他们涉足教坛的第一天起，就接受着先进的教育，他们能成为优秀者亦在情理之中。

要想成为优秀的教师，万不可顺其自然，添了自己的惰性，坏了自己的思想。也许不顺其自然，并不是一件容易做到的事，特别是融入毫无上进心的集体，做“另类”更需要一种勇气。在学校总有这样一些教师，他们习惯了跟随别人后面工作。这是顺其自然在作祟。这个世界，成就自己事业的人是自己，如若你总是顺其自然，就算是伯乐主动向你招手，除了能让你获得一个理想的平台外，对你的事业，他依然帮不了你。教师要走向成熟，只有打破顺其自然的约束，远离顺其自然的羁绊，才能及时到达彼岸。

人不可低估自己。俞敏洪曾在一次讲座中告诫人们，不要低估自己，不言放弃，就会出现生命的奇迹。大家都清楚，人的成长是最不可预知的,但是向前发展,向着目标发展是明确的。教师无法预测未来，唯一能做的就是在成长的道路上不断向前，克服一个又一个困难。教师可以拥有平凡的心态，但是绝不能拥有一颗平凡的心，教师的心必须伟大，教师的心必须高远，教师的心必须要尽可能让自己获得成就。也许最初，志向是模糊的，只要教师不低估自我，不断寻找自己生命的高度，让自己一路向前，就能实现自己的教育理想。

在职场中，自己也可做自己的伯乐。传统的观念认为，一个人成功的大致法则是个人奋斗，高人指点，贵人相助，亲人滋养，爱人理解，友人支持，“小人”监督等。而处理好这些“人”的关系的主体是自己，处理好了，你就是自己的伯乐。高人教会你拥有智慧，旁人教会你分清是非，爱你的人给你滋养，恨你的人教你谨慎，对你冷漠的人使你自立，贵人让你感受到幸运，“小人”增强你的心智。同时，一个人还可以自我提升，当好自己的高人；一个人还可以自我批判、自我解剖，当好自己的“小人”。若此，教师就是自己的伯乐。

不顺其自然，最佳的办法就是做一匹充满自信的马。我们总做着这样的梦：伯乐慧眼识英雄。但很多时候教师太过依赖伯乐的出现，以致忽视了自己对自己的要求。一味埋怨“伯乐难求”，一般有两个借口：一是不反省，对现阶段的自己没有清晰定位，也许，你的能力和水平还不至于引起伯乐的“注意”；二是不行动，等着伯乐找上门，而非自己找伯乐。伯乐其实很忙很忙，世上并不是只有一匹“千里马”。而且真正的千里马，一定是匹自信的马。有了自信，就不会再有伯乐难求之苦了，因为“千里马”当初苦苦寻求伯乐的根本目的，正是为了找到施展自己才能的舞台，实现自己的价值，而当你带着自信踏出第一步，并狂奔千里后，你的价值就已经实现了。

青年教师应谨记：相信“表白”的力量，能让自我飞翔，能让自我找到理想的天空。

二、机遇与挑战

反复鼓励年轻人勇于“表白”，敢于说出自己的需要，一个更大的原因在于，笔者在三十多年的经历中，由梦想到行动，确实取得了一些收获。生活中总有一些人时时哀叹命运的不公，说什么别人遇到的都是明媚的阳光、和煦的春风，而自己碰到的尽是冰天雪地、寒霜冷雨，大有怀才不遇、生不逢时之感。果真如此吗？其实不然。上天对待每一个人都是公平的，对每个人都给予了成功机遇。但大多数人不会成功，不是因为没有能力、没有理想，而是不愿为之付出努力，而这恰恰是无法取得成功的至关重要的因素——不善于抓住机遇。

成功需要机遇，前进必临挑战。常言道：“人生的得失，关键在于机遇的得失。”快跑的未必能赢，力战的未必得胜，一味只知道埋头苦干的未必就可以成大事。人生之路不总是宽路、直路和上坡路，时时要面临窄路、弯路甚至下坡路。宽路、直路和上坡路好比机遇；窄路、弯路和下坡路好比挑战，它们是相伴相生的，正所谓“困难与希望同在，机遇与挑战并存”。

1. 表现自我

寻找伯乐的过程中，人们心里一定承受着巨大的压力，有时更会是顶着压力冲锋。但这往往能给自己创造机遇。

有压力才有动力，把压力变成主动表现自我的动力，赢得成功机会的垂青，赢得伯乐的赏识，成功至卓越的概率才会更大。在笔者看来，想要找到伯乐，必须有迎接挑战的准备。说得再直接一点，因为不善表现自我，笔者曾经错过很多成长的机会。今天，笔者在保持这一观点的基础上，想抛出新认识，以开阔读者的视野。

世界上绝对没有两条相同的道路，任何教师都不可能完全复制他人的成功经验而获得成功。其实，世间的千里马不只一个，世间的伯乐也不只一个。理性选择伯乐，努力给新伯乐全新的印象，也许机遇就此产生。成长的路上，遇到挫折，受到打击或折磨，只有坚持并不断充实自己，才能得到伯乐的认可。

我们应该清醒，当机遇远离我们而去，说明自己的羽翼还不够丰满。成功是不可能瞬间取得的。任何一名教师只要下功夫，都能找到自己走向成功的点，并通过多个点来展示自我的成绩、能力等，为此而大干一场。这是丰满自己羽翼的主动行为！

对于教师来说，将自己的生活与工作的圈子封闭起来，必将失去自我发展的机遇。有时主动汇报工作，多与同事沟通业务，也是表现自我的重要方式。

任何一个年轻教师，相对于他人来说，都是一个封闭的个体。主动开放自我，表白心境，伯乐（包括校长）才会更加了解你。领导有管理方面的工作，我们有教育教学方面的工作，很多时候，领导对教师的了解多停留在表面，这往往是片面的。此时往往需要教师通过主动汇报来表现自我。

链接 1–4

汇报让工作更出色

陆常波老师是一名善于汇报的人。在十多年的工作中，他由一名老师成为学校办公室主任，继而被推荐为区教体局办公室副主任，个人的才干得到施展。

学校组织编写校本教材《带着感恩出发》，当时作为办公室主任的他毅然接下了这项工作。

从最初校本教材的命名、编辑书稿到书稿出版前的编校工作及出版相关事宜，这些工作对于学校和他来说，都是陌生的，如何赢得出版社认可又符合学校教材编写初衷，除了需要耐心之外，还需要智慧。这样的智慧主要体现在主动上。他主动和出版社编辑沟通，并传达校长的想法。特别是在出版社提出书稿还需要进一步修改加工时，陆老师感到了棘手。毕竟书稿已经汇集了全校最优秀老师的智慧，修改书稿的任务是艰巨的。

陆老师在思考之后，继续向校长汇报，并把自己的顾虑说了出来。后来在校长的策划下，学校的校本教材《带着感恩出发》得到了市教育局的重视，并在市教育局的牵头下，邀请了市相关专家对这一书稿进行了新一轮的修改。陆老师在教材出版的工作过程中，不断沟通、汇报，有困难及时解决，才保证了校本教材的顺利出版。

所谓“发现自我”，就是能用辩证的眼光发现自身的优点和缺点，发现自身的潜能、可塑性，或者叫作发展方向；能够保持和发扬优点和长处，能够注意改正和弥补弱点短处，具有扬长避短的心理和行为过程。至于潜能和可塑性，不仅靠自己来发现，还要依靠他人（伯乐）的眼睛来鉴别。“发现自我”是“认识自我”的基础。“认识自我”比“发现自我”更进一步，要求更高。如果说“发现自我”是“有”和“无”的问题，那么“认识自我”就是“高”和“下”的性质。“认识自我”

要求自己能够充分认识自己优点长处形成的原因，以及自己弱点短处产生的缘由，还要知道发挥优势和克服缺点的办法，以改造“旧我”，塑造“新我”。“表现自我”，是“发现自我、认识自我”的归属。“表现自我”与人生观和价值观紧密相连，密不可分。

只有那些敢于善于“发现自我、认识自我和表现自我”的人才会使自己的事业赢得一次又一次的成功。对于年轻人来说，业务是基础。表现自我，更多的机会表现在向学校的工作汇报之时。在汇报工作时有几点注意事项。

首先，汇报态度要中肯。态度决定一切，好的态度是学会汇报工作的前提。向领导汇报时，要真诚，抱着虚心学习的态度，汇报成绩不虚夸，汇报不足要诚心。其实，在很多时候，教师受不良现象影响，喜欢报喜不报忧，对于自己的成绩总是给予放大，而对于自己的不足会藏着、避着。有时当领导指出自己的不足时，还找出种种理由，为自己辩解。这些态度都不利于解决问题，还容易滋长坏的习性。为此，教师要抱着一种谦虚、学习的态度来，相信这样的汇报必定不断促进自己进步。

其次，汇报内容要重点突出。教师每天经历的事情很多，是不是什么事情都要跟领导汇报呢？答案是否定的。教师有教师的权限与能力，哪些是大事，哪些是小事；哪些是自己能解决的，哪些是自己不能解决的；哪些是需要跟领导汇报的，哪些是不需要跟领导汇报的，教师心中必须有一杆秤，否则，既耽误了领导的时间和精力，也不容易培养自己的自信心。教师在汇报中，要筛选出重要的事情，有的是需要领导帮助、解决的，有的是需要领导推荐、肯定的，有的是需要与领导交流、互动的，在有限的范围内，迅速地抓住要害，以达到汇报的内容为工作服务、为自己成长服务的目的。

最后，汇报时机要恰当。一般领导的工作比较繁忙，当教师准备向领导汇报的时候，要有预判性。如果领导在处理一些事务或者在专心研究自己的工作，教师就应该把汇报的工作暂时放一放，不要突然打断领导的工作，以免给领导带来不便，也给自己带来尴尬。那么，教师汇报工作何时为最佳时机呢？这要根据领导和自己的特点来定，可以跟领导约定一个时间，也可以见缝插针——当领导一个人在办公室时。教师汇报时机要恰当，跟领导交流避免唐突，造成自己工作的被动。

2. 关键在“表白”

教师在平凡至卓越的成长过程中，难免会遇到一些关键时刻，往往机遇就在此出现。面对瞬间即逝的机遇，有人能紧紧地抓住，有人却变得束手无策。不让机遇溜走，是需要智慧的。

若一个人日思夜想，没有行动只能是折磨自己而没有效果，学会“表白”往往能将复杂事情简单化，往往更易解决问题。关键时刻，往往需要一些有效的办法才能获得成功。笔者从自身经历认识到，勇于向伯乐表白，讲述自我的能力以及将来的承诺等，这正是所有赢得机遇的策略中，最简单、最直接、最有效的一个方法。

很多人在机遇面前，不会表白自己的诉求，不敢主动去表白，前怕狼后怕虎。这多是酿造失败人生的根源。其实，如若已经有了主动精神，给领导或伯乐留下了良好的印象，加上拼搏的劲头，此时又提出了你的愿望，他们即使现在不给你机会，可能将来也会对你进行有针对性的培养。

链接 1-5

任命为办公室主任

最近，笔者跟一位教师聊天，他很高兴地跟我说起他被任命为办公室主任的事。进一步跟这位教师交流，笔者知道了实情。

原来，他一直在学校办公室工作，主要工作是协助办公室主任做一些常规事务。后来，因为工作需要，这个办公室主任调走了，学校办公室就成了他一个人工作的地方。以往两个人做的事，现在他一个人做，他成了大家口头上的“办公室主任”。一段时间后，他对办公室主任一职任命的事有些想法，毕竟自己做着办公室主任的事，但是没有职务，就少了一份责任，也不便于工作。

在原先办公室主任调走的一学期后，他终于向领导说了自己的想法。尽管他说得含蓄，但是领导很快明白了他的想法，并跟他简单地交流之后，便对他说，学校正在研究办公室主任一职的事，希望你继续认真工作，为学校做出更大的成绩。

不久，学校领导就向上级部门打了报告，拟任他为办公室主任。

真诚“表白”，能为自己赢得一片天地。笔者年轻时历经坎坷，也许是天生有一股不服输的劲头，经历一番痛苦与折磨过后，还是带着理想又重新上路了。在朝向目标前行的日子，笔者总在努力地寻找表现自我的机会，如组织大型的教研活动，在一些重要场合或会议上主动发言，表达自己的看法；搞片区教研活动，会全力准备，表现出一位教育研究者与众不同的视野；区里搞课题开题会，因为笔者的主动，课题组给了单独发表意见和建议的机会……

记得一位朋友给本人讲述过他自己的一段故事：2009 年的那个暑假，他准备了三份申请书，带上那年他出版的几本书，前往县教委，当面向领导们表达诉求，希望给自己发展的舞台。苦心人，天不负。2010 年的春季，他有幸专门从事留守儿童教育模式探讨的理论研究。从此，他开始有了一片新的天地，拓展了自己的科研之路。

在这本书中，笔者多次向读者讲述自己及身边朋友的亲身经历，意在奉劝各位年轻人主动“表白”，因为敢于“表白”更易赢得机遇。作为年轻人，怎样在关键时刻学会“表白”呢？结合自己所走过的路，建议做好以下两方面的准备。

一是要理解关键时刻。这里主要指关键时刻有时效性，有取舍性。所谓时效性是说，教师遇到的关键时刻并不是时时都有的，只有在一些特殊场合下才出现，如果不把握住，让时间溜走，就容易形成“过了这个村，没有这个店”的局面。而取舍性是说，教师要根据自己的能力、情感等，对出现的关键时刻做出应对，符合自己的机会要坚决表白，不符合自己的机会可以放弃，以表明自己的立场。

二是“表白”要有技巧。主要有两个内容：一是“表白”要恰当，二是“表白”要及时。前者讲述的是向领导“表白”，并不是乱说话，或者说一些不实际的话，要根据具体情况，用大家都能接受的语言表达出来，也为了让领导有个思考的空间，从而为自己能出色地完成工作打下坚实的基础。后者讲的是，当机会出现的时候，不要唯唯诺诺，或者埋在心里不说出来，让领导无法了解自己的真实想法。这样做，必定有助于工作的全面开展。

至卓越的路上，只要自己有了胜任一些岗位的本领，就等同于有了“表白”的本钱。

第三节　把住关键事件，跨越式成长

格局高的人，不仅是有能力将水温从0℃提升至99℃的人，还是一位有能力将水从99℃提升至100℃的人。

——题记

静下心来就会发现，不管是职位，还是才学，如若没有跨越式的成长经历，就像前面所讲，最终只能是空想。

能把住关键事件，笔者认真地审视“我，我的”成长，发现至卓越的三部曲：一是拥有主动精神；二是关键时刻进行表白；三是走跨越式发展的道路。在此，笔者将继续探讨至卓越的第三条路径：走跨越式发展之路，真正实现跨越式成长，最终达成自我的理想。

一、设定卓越人生大格局

一个人的感情不能太少，太少了就容易流于自私，完全不顾别人的痛苦痛痒。

——周汝昌

若一生不甘于做没有思想的教书匠，年轻人最重要的是不断自我更新和自我完善。从普通教师走向优秀教师，从优秀教师走向教学名师，从经验型教师走向专家型教师，找到一条适合自己的发展之路，并且坚定不移地走下去。

相当多的教师一生没有发展，主要在于人生格局不够高远。例如，当其教育教学能力发展到某一特定时期，就会开始缓慢下来，甚至长时间出现停滞现象。据笔者观察，有一半甚至更多的教师，一生陷入这一泥潭没有走出这个困局，都可归因于格局不够高远。

作为年轻教师，设定卓越人生大格局，对一生发展的影响极其重要。当下，很多年轻人其实已经来到十字路口，处在一个关乎前途与命运的紧要关头。是否朝向卓越人生大格局方向迈进，关键在于价值取向和理想信念的抉择。

1. 做有教育行动的人

一个人是否拥有大格局，关键在于他的行为与互动——是否正在经历跨越式发展。

一个人在某一时间内，哪怕不懈努力，专业化也难以提升和发展，这个时期被人们称为高原期。其实，进入高原期对教师来讲并不是一种坏现象，高原期反映的是经历一次快速发展后的缓冲过程，是发展必须经历的过程。高原期的影响是否具有破坏性和建设性，在于持续时间的长短。笔者在观察中发现，进入跨越式发展的人，每次经历高原期的时间不长，描绘其发展曲线，就会发现一个“高原期群现象”的存在。一个人发展越快，越易进入高原期；只是每一次经历的时间相对很短，若干个高原期群组似的螺旋式向上延展。

一个人具有大格局的志向，跨越式发展才有可能！很多人并不明白“发展是第一要务，超越是第一思路”的真正内涵。每一个人都不可能不考虑生存，人们常常在给自己定位，因为拥有大格局的教师会更豪迈。渴望达到理想高度，给自己的定位正如古人所说的，“取法乎上，得乎其中，取法乎中，得乎其下”。如果一个人“取法乎中”，那么就只能“得乎其下”。

有大格局的人，加之拥有教育行动，他就不会甘于做平庸的教书匠。教育理想和信仰是其内在精神支柱，重新审视教育，才能收获理想的教育；唯有怀着教育理想和信仰的教师，才能最终成为理想的专家和名师。其实，每个教师都可以成为优秀教师。对于教师来说，重要的是明确自己的方向，把握机会，付出行动，用行动来坚守自己的教育意志和方向。

笔者身边不乏这样的青年教师，他们都想做卓越教师，但缺乏教育理想和行动，没有坚强的意志来守护自己生命中的有效时间。比如，休息的时候，他想看看书，写点东西，这个时候电话来了，约他去打牌，他想拒绝，又不好意思拒绝，害怕得罪别人，于是，他去了。一天又一天，他的生命就消耗在这些应酬中。他以牺牲自己的前途、追求和人生价值为代价去迎合别人，按别人的标准活着。这样的人又怎能提升自我呢？

链接 1-6

简单的事情　深刻的道理

一件简单的事情，如果见识不同，往往在实施的过程中做法相异，其结果也千差万别。

一天下午，三名工人正在工地上砌砖头。有人问他们在做什么，他们的回答各不相同：一名工人说“砌砖”，一名工人说“赚钱”，而第三名工人则自豪地回答“正在建造世界上最美丽的房子”。后来，第二名工人成了一个小企业老板，第三名工人则成了著名的建筑师，而第一名工人还在默默无闻地砌砖。

这个故事里蕴含的正是世间最简单的，也是最深刻的道理。所谓态度决定一切。如心理学家所说，人的抱负层次越高，成就也越大。

故事阐述的道理非常简单，同样是砌砖，因其自身格局不同，致使每个人的人生产生不同的结局。这看似简单，可又有多少人明白格局影响人发展的道理呢？每个人只要努力，都可以优秀至卓越，前提在于你拥有大格局。教师也一样，重要的是年轻时拥有什么样的格局。

要形成大格局，我们需要在教育行动上学会取舍。一个年轻教师是否流于平庸，关键看其行动。比如拒绝无谓的消耗，把生命的有效时间与精力集中起来，用于最重要的行动、最重要的功课。

成就卓越教师，铸就大格局。作为年轻人，第一要务在于提高自己的境界，能从简单的事情上悟出深刻的道理来，以避免停留在教书匠的层面。至此，建议做到以下两点。

一是做事时能生发自己的感情来。美国著名心理学博士艾尔森对世界100名各领域中的杰出人士做问卷调查，结果让他十分惊讶，其中61%的成功人士承认，他们所从事的职业并非他们内心最喜欢做的，至少不是他们心目中最理想的。但是，这61%的人都成为有成就的人，这是因为他们都爱他们目前的工作。为此，教师对自己的工作要学会培养感情，培养“干一行爱一行”的品质。

二是做事时能生发自己的个性。教师要让学生有个性，自己必须有个性。在学校，教师和学生不是一般的交往，存在着的教育教学意义上教与学的关系。这种意义可以是显性的，比如课堂教学；也可以是隐性的，比如日常交往。卓越教师的特征，主要体现于教育性。

青年教师应谨记：教育专家和教书匠最根本的差别在于做相同的事，却有不同的目的和行动。有大格局的教师，做事时有自己的思想。

2. 充分利用有利的成长资源

拥有大格局的教师专业化发展多会依赖于一定的环境支持；反之，缺少必要的专业引领和成长平台是许多年轻人无法脱颖而出的重要因素。

能否拥有大格局，充分利用有利的成长资源，专业引领发挥着举足轻重的作用。大格局的形成，当下所依靠的外部支持主要是专家的指导，这是因为，专家指点更易避免走弯路。

提升自我的格局，在于主动寻找有利的成长平台。随着生活圈和工作圈逐渐扩大，教师需要突破原来的格局。比如，交有品位的朋友和伙伴；积极参加进修和深造；参加各种形式的教学研讨会、教师论坛、基本功竞赛和各级各类论文评比等活动；参加上级主管部门组织的新课改岗前培训和骨干培训。

在日新月异的信息时代，助推人生格局提升的资源很多，求发展的年轻人，总会找到有助于自我发展的资源。作为年轻人，只要你拥有大格局，肯去接纳，成长资源往往就在身边。

链接 1-7

网络引路

曾经一位身处边远山区的年轻教师，借助网络谋求发展，最终成长为一位小有名气的教育专家。

他曾讲，面对封闭的大山，最初只有 242 元的工资，他每月拿出 80 元支付网络宽带费用，借上一笔钱，买回一台电脑，借助网络打破了学习无门、拜师无人的尴尬。这位教师经常上教育在线论坛，阅读版主、网友的文章，汲取他人的思想精髓，获取最新的教研信息和教学经验，有时将自己遇到的问题发帖到论坛，寻求帮助，实现同行互助；有时他也参与各项教研活动及学术讨论，获取专家的引领。不久，由于他在网络上主动参与讨论，当上不少教育论坛的版主，同时用他的勤奋感动了众多教育专家，成了一些教育专家不曾谋面的徒弟，从而得到指教。

网络学习，让这位教师差不多三年上一个台阶，走上跨越式的发展之路，最终使他拥有了自我的教育研究领域，出版了自己的教育专著。

这位教师有感而发："网络是一个贴近一线、贴近课堂、贴近教师、贴近学生的学术研讨平台，不只是为我，也为天下教师的专业成长插上腾飞的翅膀。"

年轻教师要提升人生格局，对很多看似平常的资源只要应用得当，就可以托起未来。可现实是，在这"互联网 +"的时代，借助网络谋求发展的人并不多，原因在于缺少大格局。记得2013年，笔者在朋友的介绍下走进了朱永新先生创建的“教育在线”平台，于是在那之后的几年里,我漫步在“蜂飞蝶舞玫瑰园”,倾听着“逸兴翩飞,收藏美丽”；流连于朱煜的“凄风斋”，感受着“互动是一份美丽”；徜徉在向阳的“追梦”中,听小曼讲《新编一千零一夜》的故事；彳亍于“溪桥”旁，便也油然产生了“向青草更青处漫溯”的幻想……与玫瑰（窦桂梅）、溪桥（王文丽）、小青（张学青）等老师的对话,给我留下了太多的感慨，太多的感动，也留下了太多的惭愧。这份经历，不仅让我真切体会到教育是如此芬芳，生命竟如此精彩，也唤醒了我不断前行的勇气，为我后续的发展奠定了坚实的基础。当然，在这碎片化信息充溢的时代，任何平台都具有两面性，是否促进跨越式发展，完全体现格局制胜的道理。

要成为一个拥有大格局的人，纸质媒体是其吸收能量重要的渠道。纸质媒体承载着文化经典与时代前瞻的信息和理念，格局高的人就能在其中找到利于自我发展的东西。比如，很多学校都在征订各类教育杂志、教育专著，目的在于拓展人们的视野，以求不断吸取新的知识。

拥有大格局的人，往往能利用各种资源谋求到发展。经历各种苦难，便会转化为炼狱的过程；面对破坏性资源，能促使人变得明智。对于每一位年轻教师而言，修炼从提升格局开始，重在擅长接纳，懂得取舍，拥有一颗真诚的心去面对教育。至此，笔者建议人们以提升大格局为前提，做到以下三点。

一是主动寻找成长资源。教师的成长有共性，也有个性差异，共性的东西，成长的资源比较容易寻找；而个性的东西，成长资源相对来说就要自己用心去找了。在寻找个性成长资源时，首先要了解自己需要什么样的成长资源。只有这样，才能找到跟自己相符合或者相接近的成长资源。人都有惰性，教师也是如此。教师要不断地提高自己主动寻找资源的热情，不为一时的失意而放弃。只有这样，才能真正找到自己的成长资源。

二是及时用好成长资源。及时用好成长资源，表现在一种紧迫感上。凡是那些有助于自己成长的资源，一定要“拿来我用”，同时，使用的时候注意筛选，去其糟粕、取其精华。

三是学会整合成长资源。教师在使用有助于自己成长的资源时，很多时候需要整合。一是同类资源的整合，二是不同类资源的整合。当下，人们不时会遇到各类成长资源，使人眼花缭乱，对其进行有效整合尤为重要。同类资源把握精华，不同类资源优中选优，才能彰显其有效性。对成长资源进行整合，建议根据自己专业水准做选择，避免一些简单叠加的整合，避免一些“跳起来”也摸不着的整合，才会做到事半功倍。

青年教师应谨记：格局是“1”，资源是后缀中的“0”。格局不高，憋屈、抱怨不如充分利用成长资源，让“1”和“0”同在。

二、从探究教育开始

一个没有发展的人，自然会沦为弱者。一项职业不能带给从事这个行业的人发展，从事这个职业的人群自然会沦为弱势群体。

——题记

我们鼓励教师追求从平凡至卓越，那么何为教育大家呢？顾明远主编的《教育大辞典》是这样界定的：“在教育理论或教育实践上有创见、有贡献、有影响的杰出人物。”

格局高远，是成为教育大家的第一要素。教师一生也可以不平凡，关键是看有没有跨越式发展，首要在于敢于开启专注、探究教育之旅。人们应明白，作为教育行者，若能真像教育大家那样致力于教育，拥有自己独特的见解与效力，才能成为真正的教育大家。

增加生命的亮度，促进自我的跨越式发展必须认清一个问题：“教师一生引领他人，他人发展了，教师为何没有因为‘教’而让自己发展呢？”这实际上是一个世纪性的建设性命题。“教，不能让教师自我发展。”这又是一个集体无语的话题。我们必须认识到教的主要目的是为了学生的发展，而不是为了教师的发展。教师只是努力地教，而没有为了自我专业化发展而学，教师又怎能有自己的发展呢？肯定地说，我们只有真正地回归本体，全面反思“教”让“有什么”而又让“没有什么”，才会于人为趋势中找到“教”没有实现自我教育的根本原因，那绝非探究教育。

探究教育的主要功效，在于能让成为专业化发展中有主见的人，发展自我，让探究教育常态化，这是立志做卓越教师大格局应干的大事。像教育大家那样置身教育、探究教育，以发展的眼光看待自我，这依旧是不只教学生，还应有教师之学的心理准备。对一线教师而言，不仅教学，还要教研，发展才会具有无限的可能性。当然，关键还在于教师对自我跨越式发展的定位——希望成为一个什么样的人。

1. 远离自我诋毁

探究教育是至卓越的基础，是教师教育事业发展的关键期。

探究教育是一种推陈出新。其实，大家只要静心去发现，教育大家就因探究才有后来的成就。这些教育大家因在他人或自身教育实践活动的基础上，总结形成了系统、新颖、先进的教育思想或理论，对教育事业和教育理论的发展起到了重要的推动作用，逐渐成为影响他人、影响教育的人。

提升自我格局，探究教育经常会思考专业化问题。探究教育，是一种乐趣。对工作的乐趣，尤其是对创新的乐趣，是成功的重要保证。探究教育，会让教师的创新镀上人的情感色彩。其工作的任何细节，都有了属于工作者个人的色彩，即“属于我的”，而不属于他人。工作的乐趣是一种发自内心深处的喜悦，是一种历久弥新的感觉。

探究教育，不免成为另类，不免走在队伍前列领旗。作为年轻人，这些所谓的“离经叛道”，稍不注意便会遭受外界的打击。一线教师进行教育探究和创新，多会是一次危险的旅行。为了自我跨越式发展，教育实验通常比常规教育教学需要更多的准备和投入。作为刚刚步入职场的年轻人，进行教育上探索最需要的是保护，远离诋毁。

诋毁是指恶意毁谤、破坏的意思。远离诋毁，关键在于自我心态的调整。探究教育是一种意志反映。值得注意的是，人们在探究教育进行的过程中，应坚决克服这两种倾向，即过高地自我吹捧和过低地自我评价。恰当地给自己一个定位，让自己的能力不断地显现出来。搞清楚自己能做什么事，不能做什么事；什么事能做好，什么事不能做好，这对促进平凡至卓越起着举足轻重的作用。

探究教育，易于明晰教育的真谛，源于敢于直面教育问题、解决问题，但此刻也是职场中发展最艰难的时刻。处于这一阶段的人们，必须注意避免职场的负面影响，保持积极、乐观的心态，必须对这一“否定”进行“否定”，只有明智之举才能让自我走得更远。

链接 1-8

以“瓦伦达心态”去行动

在工作中，瓦伦达心态常常阻碍我们的发展。

何为“瓦伦达心态”呢？瓦伦达是美国一个著名的高空走钢丝表演者，在一次重大的表演中，不幸失足身亡。他的妻子事后说，我知道这次一定要出事，因为他上场前总是不停地说，这次太重要了，不能失败，绝不能失败；而以前每次成功的表演，他只想着走钢丝这件事本身，而不去管这件事可能带来的一切。后来，人们就把虽然专心致志做事，却又忍不住思考事件的意义，存在患得患失的心态，叫作“瓦伦达心态”。

美国斯坦福大学的一项研究也表明，人大脑里的某一图像会像实际情况那样刺激人的神经系统。比如，当一个高尔夫球手击球前一再告诉自己“不要把球打进水里”时，他的大脑里往往就会出现“球掉进水里”的情景，而结果往往事与愿违，这时候球大多都会掉进水里。这项研究从反面证实了瓦伦达心态。

“瓦伦达心态”可不好，我们只有克服了这种心理，才会走出阴影，为自己的事业赢得成功。

没有人能穿越到未来，但未来可以在趋势中窥见。如果心理憋屈，你的自我意象一定会是一个失败的人，不断地在自己内心的屏幕上看到一个垂头丧气、难当大任的自我，听到“我没出息、没长进”之类负面的讯息；然后感受到沮丧、自卑、无奈与无能，而你在现实生活中便会“注定”失败。“瓦伦达心态”就是这种意象的具体表现。

探究教育，远离自卑感。正常的自卑感对于个人的奋斗与发展来说是一种刺激，一种动力。开启探究教育之路，教师只有肯定了自我的能力，才会积极地完成自己的工作；教师只有不断丰富自我的能力，才会把工作做得更好，才会把自己的教育事业做得更大。教师有了这种精神，就不会轻易诋毁自我的能力，就会让自我的能力大胆、主动地展示出来，让自己扎实地走好每一步，完成每一步，并最终为成为优秀教师、成为教育专家、成为教育家而不懈追求。

勇敢地探究教育，才可能实现跨越式发展。魏书生说：“无论做什么事情，一个人的心态决定一个人的高度。激情而投入地工作和麻木而呆滞地工作，是完全不同的两个天地。”他指出了教师工作的两种心态：一种是对待工作麻木不仁或呆滞无为的心态；另一种是激情四射、全身心地投入工作的心态。前者是一种消极的心态，后者是一种积极的心态，是一种健康向上的心态。教师拥有了后者，就占据了教育的主动，就会轻松面对教育，不论环境好坏，他人如何评价，天气如何恶劣，学生如何难教，这一切都会轻松化解，就会逐渐达到一个高度。

我们防止出现诋毁自我能力的现象，应主动地、理性地接受他人建议。教师在实践一项工作时，常常会遇到一些困难。面对这些困难，如果仅仅靠自己去思考，思维总被限制住，要么对这些工作自信心不足，用心不够；要么对这些工作失去继续往下做的想法和热情，从而放弃这些工作。凡是这些情况，都需要听听他人的建议，这样对自己是否继续做这些工作，或勇敢地做这些工作，往往能起到至关重要的作用。当然，对于他人的建议，要理性地去接受，要根据自己的特点和当时工作的实际做出正确的选择。所谓“旁观者清”，说的就是这个道理。

探究教育，我们防止出现诋毁自我的心态，关键在于拥有发奋钻研的精神。教师对待工作，要始终有发奋钻研的精神。要专注阅读和反思；要心若止水，勤奋探索；要不断增强能力，丰富自我内涵。只有这样，才能积蓄自信，充满信心，不自我诋毁。教师有了这种精神，就会自己看重自己，从而信心十足地走在发展的路上，把自己的能力大胆、主动地展现出来，扎扎实实地走好每一步，并最终在优秀教师、教育专家及教育家的路上前行，直到实现自己的目标。

2. 成就专业化发展

探究教育，对于冲突的把握，相对而言是难点，是因为教育理性呼唤教师回到教育本身，回到教育主体本身。探究教育，解决冲突需要激情，同样需要理性。只有在冲突碰撞中产生火花，才能照亮教师前行的道路；只有在理性的湖泊里点亮渔火，才会构建美妙的归舟画卷。人们只有在走完“否定之否定”的专业化发展道路之后，才能真正趋向完美。

无动力，无法开启教育的探究之旅，包括对学生的教育和教师自我的教育。探究教育，让学生发展了是对学生的保护，让自我发展了是对自我的保护。一个教师如果对自我都不能保护，他还能很好地保护学生吗？让自我发展，不但是对教育事业负责，也是对自我负责的内在要求，发展自我是教师无法回避的事实。一个教师只有教，又怎么会有自我发展呢？只不过，很多人并不真明白“教，主要是为了学生的发展”。

古往今来，因为教育探究，教师与学生的关系才会是一个常说常新的教育话题。这其间，教师与学生二者形成一种共生共荣的生态群落，正所谓教学相长；同时，还构成一种相互依存、相互促进，螺旋递进的生态链。一个教师教育激情的涵养、释放、升华，教育理想的实现，人生价值的生成，离不开学生这一无比重要的媒质。

教育探究至专业化发展，卓越教师的成功源于多方面的助力，教师职业的特殊性更多地体现于通过“教与学”的成功成就自我的卓越。但人们更应该感知到，任何一位卓越的教师都不会沦落到与学生争抢成绩，主动将学生成就作为自我专业素养发展的佐证的地步，学生的成功只是自我卓越的附属品罢了。

青年教师应谨记：只教不能成就教师专业化发展。

链接：1-9

有一位青年，立志做一名优秀的人民教师。师范毕业后，他被分到一所乡镇中学任教，成了初中二年级某班的班主任。初入讲坛，年轻人自是激情澎湃：认真批改作业，主动家访，时时抽测考试。本就性格开朗的他与学生打成一片，班集体管理井井有条，工作有声有色。然而，第一学期结束，年轻人却似霜打的茄子，所带班级综合评比，全年级倒数第一。为何？他执教的是“慢班”，班上学生基础差、底子薄，与其他班无法比。

而后，他咬咬牙，以校为家，把学生当成亲人……熬到初三，总算摘掉“老幺”的牌子，但班里学生升入重点高中的比例依旧惨不忍睹。在升学质量评比中，他既没遭到批评也没得到表扬，但工作激情和敬业精神给人留下深刻的印象。

当年秋招，很多新生家长试着把孩子托付给他。这再次让他看到了希望，重新点燃激情，不但兢兢业业，而且主动拜师，并积极探索教学，开启新课程改革实验。又一学期下来，所带班级成绩年级名列前茅。声名鹊起后，更多优秀学生陆续投奔到门下。转眼三年，他所带班级不但全校第一，还获得片区桂冠，成了十里八乡的“名师”。

教师的专业成长与他所教的每一个学生密切相关，与他对教育的无比忠诚、不竭的创新精神与激情息息相关，也与他的专业化发展息息相关。教育的本质就是培养人，包括学生和教师自我的提升，自我格局才会逐渐高远，原因就在于此。

了解事物发展的原因，抓住常规作用力促进发展，才是最科学的实践方法。对于事物的发展而言，存在常规作用力的同时，人们应该明白还存在非常规之力，即教是常规之力范畴，探究教育便属于非常规之力的范畴。必须明确，常规之力更多的属于因果关系，进而产生意义；非常规力更多的是指特殊力，是指在某一特殊时间，为达到某一特殊目的而采取的特别行为。常规行为是习惯化的，非常规行为是刻意性的。只不过，常规行为与非常规行为都是相对概念，更多的非常规行为由于合目的性的长期化，便会由非常规行为转化为常规行为。对于更多的一线教师而言，长期习惯于教学这一常规行为，探究教育只是非常规行为。对其研讨的全部目的就在于促使教师让自我教育的目的常态化，将探究教育转化为像教学一样的常规行为，指导青年教师的教育实践，促进其入职后人生达成全新的价值、达到全新的高度。

探究教育，是一个完成生命亲在的自我修复的缓冲过程。在激情时刻，当教师采取一种包容的心态，面对自己的不足并进行知识的重建时，教师就有可能获得新的教育激情。研讨是促进事物发展的力，必须抓住其呈现的载体，通过常态和非常态两种方式来把握其发展过程。作用力的常态和非常态并非单一的存在，如教学的常态是长期从事某一学科教学，处于非常态的探究教育则更丰富一些，如研讨课、课题研究等。为了促成探究教育这一非常规行为向常规行为转化，并且做好与教学这一常规行为的接轨，我们极力主张抓住跨越学科教学这一载体，以促成教学与探究教育的常态化为目标，弥补教学带来的人生缺憾，改变长期没有发展的状态。

我们必须明白，教学主要是为了学生，教育探究则不仅为学生，还为的是教师自己的专业化发展。得出探究教育是教师最好的自我教育的结论，并没有指责教学没有对教师发挥更多更大的作用，只是在强调探究教育还没有形成专业化发展的常态。教师应该通过探究教育的作用，促进自我完成受教育的过程。受应试教育模式及自我无发展意识和欲望的影响，教师的职业生命才形成了只有教学，少有探究教育或没有探究教育的格局，忘记还存在自我学习的功能，忘记自我还有可发展的趋势。

每一个人的成长与发展都是自我教育的结果。需要清醒认识到教师的自我教育肯定不能等同于学生的学习，因为方式不同、内容不同、目的不同。教学是学生接受学校教育的一种主要方式，探究教育是教师自我教育的一种主要方式，两者之间存在着诸多质的不同。现实中，没有哪一个教师忘记过教，只是很少有人去探寻自我教育的途径，近乎忘却了自我发展。

教学是为了更好地完成人生的使命，探究教育是为了更好地完成发展自我的使命。不明白“教学”和“探究教育”的作用，这是当前教育中的一种通病。世界本是这样，越是简单的表象，人们越不去询问其表象、原因和结果之间的关系。当然，笔者在此并不是指责教师不求上进，而是探讨自我专业化发展的意义、形式、方法及影响等。

改变常态不是一件容易的事。它们作为一种力的存在，人们依旧习惯于以表象的方式认可，根据个别事件的时间和空间指出一个存在的理由。事实上，他们将自己的意志作为动力，将教学与探究教育作为意志的表现形式，必有欲求——每一位教师都用自己的目标指导自己的行动，并且是多个目标同时存在。我们应该将教学与探究教育分解成一个个目标，用以促进自身的发展，即在达成学生发展的目标之后，达成教师自我的发展目标。

青年教师应谨记：教师在建构一条通向幸福的跨越之路，教好学生的同时，不能忘记自我教育，探究教育是最好的自我教育方式，整个自我教育的轨迹将会因为探究教育而得到人生价值的改写。

第二章

致远，始于经受教育教学考验

一个可持续发展的事业，才是有生命的事业。

——题记

马丁·海德格尔说：“以什么为职业，在根本意义上，就是以什么为生命意义之所寄托。”“理性走出教育教学的困局”的倡导，基于在教育教学的天地里感受到更多更深刻的生命意义而谈。笔者发现不少教师一生奔忙于课堂却并不快乐，其生命的意义并没有随着为师时间的延长而得到提升，反而陷入了教育教学的泥沼，而且其陷入的时间越长，自拔力量越弱。

从事教育教学工作，是一份时常令人充满遗憾的事业，需要教师在那一份份遗憾中寻找到向上的力量。至此，笔者将直击身陷教育教学困局的原因，让广大青年教师清醒地认识到自己依旧拥有拯救自我的力量，依旧像小河一样能自我澄清。这里，将为大家提供一些通过教育教学发展自我，既体现人的价值，又为自身带来快乐的方法，从而建立“从事教育事业，体现自我价值，收获无限快乐”的理念。

一

致远，始于经受教育教学考验。课堂教学无疑是教师人生中最能体现人生价值的核心地带，因为教师的生命只有在课堂上才易大放光彩，只有赢得课堂才能赢得人生。

有相当一部分年轻教师被课堂所困，课堂好像一座“围城”，教师成了“围城”中的人。被围困于此，一切都被局限于此。如此，往往得不到学校同行的认可，得不到社会的认可，得不到自我的认可，自己的职业生涯仿佛就到了尽头一般。职业的意义无法彰显，无法感受到教育的幸福，教育生涯如在死水里，处于消沉之中。

二

大量事实证明，教育教学的困局多像沼泽地，一个教师一旦陷入，若不及时调整，并勇敢地跳出来，往往会使自己困在其中，从而失去教育生活质量。

一个陷入教育教学困局的教师，等于把自己孤立起来。一个长期孤立的人，犹如“套娃中人”一般，看不到外面的世界，也得不到别人的理解和帮助，自己虽然心中拥有他人，因为总处于封闭的状态，整个人生无形中被孤立。长此以往，课堂更是无法体现专业化，教育教学无艺术可谈。

对于千万教师来说，困顿的主要原因指向课堂越来越故步自封，呼吸不到来自外面清新的教育之风，感受不到来自外界的教育力量。

三

所谓困局，无非是教师将自己的思维禁锢起来，使用所有招数都找寻不到出路。面对困局，许多教师涌上心头的往往是最强烈的无助感。遗憾的是，很多人故意对问题视而不见，或逃避或忽略，或把矛盾归结为不可抗拒的外部性冲突，从而获得心理平衡。

面对困局，最糟糕的是无动于衷，进而对教师职业感到麻木，懒于思维，机械化地从事日常工作，甚至把生命寄托于教育生活之外，教育职业只是作为一种没有其他更好去处时的营生手段。面对困局，如果不能勇于自救，那谁也拯救不了自我。

人生会碰到多少困局并不重要，重要的是我们面对困局的态度。教育教学的困局往往意味着旧有的思维方式和行为习惯的不合拍。笔者将在这一章节中，反思自己的教学经历，理清自己在教育教学中所面临的问题，重新认识教育教学工作本身所蕴含的意义和价值，并转换角度去看待自身工作的价值，帮助教师理性地走出困局，主动寻找出路，提升专业成长的生命价值。

有些教师在陷入教育教学困境中举步维艰时，思想上首先坠入绝望的深渊，失去了冷静自持的思维，失去了探索新路径的智慧，以至于越陷越深。笔者深信，绝望中隐藏着希望，大危机孕育大发现，大困局饱含大机遇,大苦恼昭示大成功。在困局到来之时,人们唯有思考，唯有行动，唯有发展……

第一节　不闭塞，才不会受困于课堂

即使某一事务干完了，那也只是暂时的，仍应加强学习与提高，这就是追求，来自人的本性。

——题记

置身于教育，一些教师缺乏主动精神，缺少给予帮助的人，没有跨越式发展的过程，没有令自己满意的成长经历，没有激发自己工作热情的“中间成就值”，长期处于一个闭关自守、低水平状态，受困于课堂。自信不曾有，人生怎么会不受困呢？

受困于自我的课堂，原因多在于多年积习，在于习惯性地坐井观天，在于思维的惰性，在于没有能力去驾驭课堂并主动争取进步。笔者坚信，任何一位年轻的教师可以自由驾驭课堂时，他必然会自然地走出教育教学的困局。

一、是谁关闭了课堂的门

每一轮课程改革，就是一次教育规则的重新制定，一次给予教师发展的机遇。然而，在每次课程改革到来时，又有多少人张开双臂喜迎客，又有多少人真正将自我的课堂开放？每一次课程改革，其实是教育又经历一次解放，经历一次开放。就教师个体专业化提升的获益者而论，绝对不是那些看客，也不是那些说客，是那少之又少的敢于大干的人。他们总是会成为解读新规则的排头兵，总是会成为敢于实践新规则的领军人。很多人在经历改革的过程中，依旧显得局促，将教学大门依旧关闭着，面对新课程改革时显得软弱，何谈专业化发展？

1. 谨防关上教学的门

关上门的教学，即教师走入这名为教室的工作场所时，便把交流与合作关闭在门外，将同事关在门外，而离开以后，教师也很少去谈论课堂发生过什么或接着会发生什么事，或者已经发生的事情里有什么风景，或有什么败笔。

笔者最初的这一思考，源于帕克·帕尔默的《教学勇气》："虽然都是在学生面前进行教学，但是我们的教学几乎总是像独奏一样，永远在同事的眼光以外；相对之下，外科医生或法庭律师经常要在对他们的行业了如指掌的同事的眼皮底下工作。律师在其他律师面前争论案件，在那里，所有人都能清晰地看见他们的技巧和知识的距离，水平的高低一目了然。外科医生在专家的注视下操作，要是手在做手术时颤抖一下就会马上被人发现，使这种失当行为不大可能发生。但是，教师在人体内遗下海绵或错误地切断人的四肢，而除了受害人以外，并没有别的目击者。"

关上门的教学，教学效果不但会打折扣，教师也很难在教学中找到真正的自我。那些教师关上门教学不仅存在问题多，而且不去努力改变这一现状，反而美其名曰"学术自由"：教师的教室就是教师的城堡，其他封地的君王一概不受欢迎。

关闭大门去教学，等同于关闭从同事那里得到成长所需要的资源的大门。关上门去教学，注定在通往卓越的路上设置阻隔。当教师不能观察彼此的教学时，常常采用冷淡疏离的、使人泄气的甚至不光彩的评价方法。长期如此，教师肯定会被一个如此简单化的方式弄得士气低落。如果教师依旧坚持关上自己教学的大门，别人除了在学期快结束时从窗外扔进一些考卷以外，其实再也没有什么办法来评价自己。

关闭教学的大门，就让不少教师将听课评课当成一种负担。只要深入探讨，就会发现这种排斥有多方面的原因：一是很多听课者都是相关领导，教师对这些领导特别是一些严厉而又缺乏人情味的领导，难免有恐惧心理；二是有些听课教师不够专注，在课堂上窃窃私语、把玩手机，影响授课教师的情绪，评课时甚至会把一堂课批判得体无完肤；三是抽查、突击听“日常课”，让很多教师措手不及，认为自己都还没有“准备”好，怎么可以让别人来听课呢？

链接 2-1

听课为什么不先打个招呼

那天下午第二节课刚下课，我匆匆走进林老师的教室。

上课三分钟后，林老师突然发现我坐在教室后面，他急忙朝教室后面紧走几步，耸了耸肩，摇了摇头，神情极不自然，脸上写满了不愉快。

课后，林老师到我办公室很严肃地问：“你听课为什么不先打个招呼呢？”

“随堂听听课嘛。”

“那也要先打个招呼呀。”

“为什么？”

“你打了招呼，我备课就不一样了。”

“为什么不一样？”

“我会把课备得好一些，我会安排学生把课预习透一点。”

“别人不来听课时为什么不能把课备得好一些呢？平时为什么不能指导学生把课预习透一点呢？”

“反正我认为，平时上课与别人听课很不一样。”

“你能具体说说你认为的不一样吗？”

“平时上课我感到很随便，想怎么上就怎么上；别人听课就不一样了，不下点功夫，讲出点门道，听课的人就不认可你的课，会说你教学没水平，甚至会说你教学马大哈。”

我无奈地笑笑。

“平时上课我感到很随便，想怎么上就怎么上；别人听课就不一样了，不下点功夫，讲出点门道，听课的人就不认可你的课，会说你教学没水平，甚至会说你教学马大哈。”这句话如实地展现了一些教师将听课教师拒之门外的真实心理。试想，如若我们不是教师，而是医生，在手术台上也能这样随随便便吗？

任何行业的成长都依赖于它的参与者分享经验和进行诚实的对话。诚然，教师往往都是从个人的尝试、错误中成长的，那种不愿意承受风险的保守作风，是目前教学生态极佳的写照。与其他行业相比，教学水平发展得非常缓慢，其原因就是教学的“个人化”。

把听课教师拒之门外实际上是把不同意见关在了门外，把提高的机会关在了门外。理想的开放课堂状态是，每位教师每堂课都是全身心发挥自己的水准，而相关听课的教师、领导自由走进课堂，听到的每堂课都是原汁原味的家常课。一个称职的教师要时刻意识到封闭意味着什么，封闭的课堂意味着什么。教师唯有将自己的课堂打开，把听课教师迎进来，以一种开放的心态去面对课堂，才能不断提高教学能力。

追逐卓越的理想之路到底有多远呢？授课的教师要关门上课，听课的教师要推门听课，是什么导致了授课教师和听课者之间形成的这一种猫捉老鼠的关系呢？教师也是人，惰性是人的常态，让每一位教师克服惰性不是一件简单的事。这种惰性是根深蒂固的。作为年轻的教师，朝卓越方向前行，走出课堂教学的困局，首要的问题是让自己开放自我的课堂，打开教室的门，让更多的监督或是好的建议融入进来。

教师如何从封闭的课堂中跳出来，建立持久不断的教学对话，去好好利用这些丰富的资源呢？在我们看来，教师需要打开封闭的课堂，敢于通过教学开启同行间的真诚对话，努力提高自己的专业实践，又能从中提高自己的教育理念与教学见识。

不再关闭课堂的门，改变自我最需要的是人们应有把听课教师迎进来的姿态。有些教师很愿意上公开课，将其作为一个成长和展示的机会，但也有教师害怕上公开课。往小的方面说，害怕就是一种封闭性心理；往大的方面说，不愿意上公开课的教师是不称职的教师。许多教师心底认为讲授课可以听，上新课可以听，综合活动课可以听，而班会课不能听，练习课不能听，复习课不能听，讲评课不能听。真的是这样吗？班会课不能听是不是因为包含太多不民主和粗暴的内容？练习课不能听是不是因为练习方式的设计太粗糙？复习课不能听是不是因为复习课并没有得到教师的重视？讲评课不能听是不是因为评价的方式比较落后？静心细想，这些教师回避的课，问题往往越严重；而害怕听课的教师往往更需要其他教师的指点和帮助。

除此之外，能走出自我的课堂，带着礼貌和虚心听取其他教师讲课依旧重要。听课不仅仅是一项教学任务，更是每一位教师求得自我发展的必要途径。衡量一位教师是否称职、是否优秀的标准有很多，但是课堂教学能力是其最重要的部分。教师如何管理好自己的课堂和农民如何经营好自己的一亩三分地一样，需要长期的劳作和思考。听别人的课，不但可以从中学习他们成功的方面，还可以正确看待自己教学水平所处的层次。听课有学问，“听”别人的教育思想，开阔自己的视野；“听”别人的课堂组织，丰富自己的经验；“听”别人的课程设计，完善自己的授课方式；“听”别人的教学风格，建立自己的独特个性。此外，听课也应表现出风范来，诚恳地和相关教师去探讨、去切磋，努力达到学高为师、身正为范的境界。

青年教师应谨记：封闭的课堂只能使教师走向平庸，敢于开放课堂才会有提高与超越。

2. 为师一定要主动去赢得课堂

如果说关闭自己的课堂，拒绝同事的帮助，是教师陷入困局的外因；那么，从不主动发现自我课堂的不足而后弥补，这便是教师陷入教育教学困局的内因。其实，能主动思考自己的课堂尤为重要，也是走出困局的重要路径。

赢得课堂，是成功教师最首要的表现。正如《大教学论》的序言中指出的那样，教学技巧决定着一个人的成就，正所谓一位教师专业化水准决定其教育成就与价值一样。

赢得课堂，不是一时的事，而是一个教师一生的追求。这要求教师时时、处处、事事都要有这样的一种主动精神才行。只赢得了一堂课，或在短期内取得了一定的教学成绩，就沾沾自喜是不可取的。

一个教师只有长期具有赢得课堂的主动精神，其人生才会辉煌，才可称得上是有意义的一生，成功的一生。这是成功教师始终追求的目标。现实的残酷，致使很多人在封闭自我教学的大门的同时，也封闭了自我的人生。

一位教师若没有想过主动去赢得课堂，定然就不会有赢得课堂。特别是初为人师，关于心理学、教育学的知识虽然掌握了一些，但未真正深入教学实践，未真正掌握教育学知识的实质。在经过一段教学实践后，教学中通常会出现两种现象：一是教育学理论不能运用于教学实践；二是循规蹈矩于日常教学，缺乏创新。

链接 2-2

幼鹰飞起来了

一个人在高山之巅的鹰巢里，抓到了一只幼鹰，他把幼鹰带回家，养在鸡笼里。

这只幼鹰和鸡一起啄食、嬉闹和休息。它以为自己是一只鸡。这只鹰渐渐长大，羽翼丰满了，主人想把它训练成猎鹰，可是由于终日和鸡混在一起，它已经变得和鸡完全一样，根本没有飞的愿望了。主人试了各种办法，都毫无效果，非常失望。

最后，主人把它带到山顶上，一把将它扔了出去。鹰像一块石头似的，直掉下去，慌乱之中它拼命地扑打翅膀。就这样，它终于飞了起来！

磨难让鹰学会飞翔，成为一只真正的鹰。教学过程也是在这样的磨难中一直前行的。坚强的成为强者，怯懦的成为弱者。

教师经常会在烦琐而枯燥的工作中生出种种怨言，而对本职工作失去乐趣，失去继续奋斗下去的勇气。特别是课堂上，当教师面对学生满脸的疲倦，面对他们一次又一次的恶作剧，教师教育教学研究的积极性丧失了，对教育教学甚至产生了厌倦。这一切都需要有坚定的教育信念为支撑，唯有不安于现实，不懈努力，以一种积极乐观的心态来工作，才能够在教育的路上走得更远。

课堂最能体现教师专业化发展进程，主动赢取课堂的过程是一个长期坚持学习的过程。只学习了教育理论的教师，要适时跟同事学习，研讨教学方法，互相勉励、互相成长。只知教课的教师，要不断创新，在教学中研究新点子、新策略。课堂教学的过程，是一个不断研究、不断成长的过程。愿意研究，会研究，主动研究，就会发现课堂教学充满生机与活力。

每一堂优质课的背后，都饱含教师的智慧与汗水。课堂不能循规蹈矩，不能墨守成规，不能沿着一条起跑线一直走下去，没有什么“放之四海而皆准”的方法。相反，教师只有付出努力，付出辛苦，甘愿走别人不愿意走的充满荆棘的路，才会走出一条阳光大道，才会真正地“赢”。

教师一定要主动去赢得课堂，应把上好课视为自己的理想。也唯有如此，教师才能坚定地站立于课堂，有征服课堂的勇气和信心。名师也是从普通教师一点一滴成长起来的，仰望名师，也许觉得自己离他们太遥远，其实这距离并不遥远，关键在于自己要用心并付出辛苦。于永正老师辛苦耕耘二十年换来了教学的成功，窦桂梅老师曾经在教学中打过五年的“短工”，魏书生老师在从事教学工作前历经挫折，做老师的第一年就教了一批全校最差的学生……名师的成长之路也是坎坷的，但一路的坎坷没能让他们的意志消沉，反而更坚定了他们心中的信念，永不放弃，在教育之路上坚定不移地走了下去。

建议大家不断发现自己课堂中的问题，不断完善课堂教学。每个教师的教学总是存在不足之处，即使对教材、学生再熟悉，即使教学设计再细致，方法陈旧、演示失败、组织不当、表达不清的情况也难免存在。对自己课堂问题的反思是教师专业成长的动力。这种动力有可能带动教师教学行为的全面改变。当有问题了，教师就需要阅读教育理论书籍，就需要学习、教育研究方法，就需要展开研讨……我们的课堂就会赢得学生。

青年教师应谨记：只有赢得课堂的教师，才会逐渐走向卓越，才会拥有更多的话语权。

二、学会拜师

一位教师只有赢得课堂，才会有至卓越的可能。提及源于课堂教学所产生的困局，依旧还是一个专业化素养需要提升的话题。关于教育教学，掌握先进的理念、前沿的方法、新颖的技巧等，无不是衡量一位教师能力素养高低的标准。这也是教师站稳课堂、赢得课堂的一大法宝。在此，笔者将与大家一起探讨又一法宝——学会拜师。

任何一位教师都有通过课堂获得成功的可能，当然成败与否都是有缘由的。一般认为，女教师的成长关键年龄在25岁左右，初涉讲坛两三年的时间里往往决定着她们一生；男教师相对晚十年，35岁左右的男教师如果在教育领域里依旧没有自我的新天地，此生差不多再难有大成。其实，25岁、35岁对于男女教师来说，都还只是人生一个起步阶段。通过笔者多年的观察发现，年轻教师能快速迈上一个新的高度，他们背后至少有一个甚至是一群师傅在支撑。正所谓站在高人的肩上前行，怎能不获得成功呢？

师傅的水平决定着徒弟所占有的课堂的高度。站立于讲台，获得课堂教学技巧、理念最快的捷径是什么？师傅手把手地传授。很多教师一生平庸，除了前面小节中所提及的关闭了自我的课堂，没有向同事获得成长的资源，没有主动地对自我的课堂进行经验总结，并且也没有得到师傅的指点，成功的过程自然会是一个极其缓慢的过程。

1. 找对师傅加快成长

“路曼曼其修远兮”，教师的专业追求、专业探索、专业成长，只有凭借着勤奋、坚持不懈的努力，才能练就一代名师的真功夫。一个人的力量是渺小的，一个人的高度是有限的。教师只有站在他人的肩膀上，才能看得更远。

往往一个普通人的成长史，就是一个人的拜师史。即便是李镇西那样极富创造力的知名校长，也是积极地拜教育名家朱永新为师，从一个优秀的实践者一步步迈向成熟的教育专家的行列。

现今，不少学校或教育部门推出了“青年教师拜师”计划，对应地出台了一些非常严格的制度，比如老教师要指导青年教师确定教研计划，老教师要听青年教师的课并提出意见，老教师要审读青年教师的计划和总结……这种如火如荼的拜师运动，对一部分独立精神不强的教师究竟能产生多大的作用呢?

制度促进的是合格品的产生，优质品的出现要靠个人的努力，再无他法替代。但是，要想成为真正卓越的教师、杰出的教师，拜师应该是个人内心强烈的愿望，方可达成人生目标。只有当你认识到自己有所缺憾，才会意识到自己需要有所得，才知道寻访什么样的师傅，向师傅学习什么，以师傅的经验和教训来完善自己。

链接 2-3

跟着郭靖学拜师

金庸的《射雕英雄传》仿佛就是一部拜师史，一部“愚笨”少年的学习史。

郭靖的第一位师傅是全蒙古最好的箭手哲别。面对愚笨但勤奋的郭靖，他始终不放弃，耐心教导。第二任师傅应该是江南七怪，虽然江南七怪武功不算高，郭靖在他们手中没少遭罪，但最终还是学得了驯马、神偷等旁门技术，尤其是他们信守诚意、慷慨大度的性格一直影响着郭靖。接下来是全真七子的老大马钰，虽不让郭靖喊他师傅，但马道长帮助他打好了基本功，学习吐纳功夫，真正开始内功的学习。

再有就是洪七公的正式武功传授。洪师傅的学识高深，他根据郭靖的特点教“降龙十八掌”，让郭靖具备了真正用以立身的神功。老顽童周伯通玩闹式的武功传授，寓教于乐，使郭靖的内功从深厚到炉火纯青。一灯大师倾心传授《九阴真经》，也是郭靖的大幸。还有一心只想盗取《九阴真经》，无意中给郭靖很大启发并陪同练习的欧阳锋也成了郭靖生命中最“特别”的师傅。

当然，郭靖的成功还离不开一直陪伴在他身边的黄蓉。也正是她的不断点化，他一次又一次成了幸运儿，并最终出类拔萃，成了一代大侠。

人们常说：“最好的导师拥有最杰出的学生，或者说最杰出的学生得到最好的导师。”这就意味着，只有你足够优秀，别人才甘愿给你以教导。只有你勇于突破自己当下的困局，有志于教育事业，别人才会帮助你。

现在学校很多教师并没有自己的师傅，从没有主动拜师的经历。“倾囊相授”的故事毕竟是少之又少，现实生活中几乎不会有人拉着你要传你绝技，因此潜藏在师傅身上隐性的“光环”需要你去亲近、去挖掘，也需要你自己去“拿来”。每个人都拥有独特的个性，学习他人的目的是帮助自己挖掘自身的潜力，并非是让你变成他们。有什么就学什么是一种最为可怕的心态，最终只会“四不像”或者一事无成。正如齐白石老先生所说：“学我者生，像我者死。”

当然，也不要相信拜师就意味着一定能够有所收获。其实，拜师有着很多内在的技巧，毕竟并不是每个人都能像郭靖一样的好运。学会拜师，首要明确自己为什么要拜师。虽然笔者鼓励博采众长，但也反对“见师就拜”。寻找师傅是需要谨慎的。这个人应该娴熟地掌握着你所需的技能，或者他的思维境界高于你所在的层次，甚至他有着某种折服你的人格魅力。求师之前，你尤其要充分了解这个人，他做过什么，正在努力地做着什么，你是否可以相信这个人并确定将与之建立紧密的师徒关系？

拜师时应注重参与学习的过程，淡化实践结果。最近笔者读到了不少教师的访师笔记或者听讲座之感，大家总是因为他人今天所取得的成就或者是出色的表现而向他们靠近学习。实际上，别人的过人之处往往是难以学习的。教师应该更关注“过程”，正如看一堂课的精彩不如了解其备课的艰辛。只有参与其中，才会获得他人成长道路上的“锦囊妙计”。李镇西敢于尝试，率先实践总是让他比别人获得更多，他对教学的热情和激情让他很快成为学生的朋友，阅读大量的教育教学名著并坚持写读书笔记让他的教育思想更有深度……教师在学习他人的过程中，要注重其教学实践的细节和过程。将这些研究透了，用于自己的教学实践，相信在不久的将来，你就是一个成功的教师。

青年教师应谨记：善于拜师的教师，他们的专业成长提升更快。

2. 向名师学习

向名师学习，是青年教师快速站稳课堂的捷径。近些年基础教育战线上涌现了一批名师，诸如李镇西、王崧舟、窦桂梅、于永正、薛发根……他们之所以成为名师，在于其在平凡教学中见真功，更在于他们有一种献身教育的精神力量。

名师都有其与众不同的地方，即他们总是能够把自己的特点发挥到极致。网络时代，学习名师的机会很多，一般教师都可以收看名师授课实录，阅读名师的教育论著。当然，青年教师也可以通过各种方式和名师交流，甚至当面拜师。

名师是一种资源，他们往往是教育界德高望重、才学超群的人，他们的教育实践经历往往也是一部鲜活的教材。与名师接触，能为你打开一个新的世界，让你走进一个新的境界。因此，青年教师要勇于接近名师，向名师学习。

链接 2-4

王维的成名

王维青少年时期即显露出多方面的才能，“诗佛”的诗自不必言，其边塞诗、山水诗、律诗、绝句等都脍炙人口，书画、音乐的造诣也令人惊羡。

正所谓酒香还怕巷子深。734 年，张九龄任相，王维献诗张九龄，希望得到援引。第二年，王维任右拾遗。

除了在官场上引荐外，张九龄力助王维的故事也多有流传。

当时，张九龄已经声震朝野，他十分看好王维的才华。但年轻的王维才学并不被人所知，张九龄很是着急。

有一天，京城中来了一位卖胡琴的，开价百万。一时间，引起巨大轰动。有钱有势的人争相传看，但无人识货。张九龄得知此事，用尽所有积蓄购下胡琴。许多人都很奇怪，问他：“你自己又不会演奏胡琴，花这么大的代价买下来干什么？”张九龄回答：“我虽然不会演奏，但是我有一位朋友是胡琴高手，明天我将设宴，欢迎大家来欣赏。”

第二天，长安各界名流云集，期盼着高手的演奏。这时，张九龄站起来对大家话：“我这位朋友是诗歌奇才，写了上百首好诗，却一直淹没在人群中，而弹琴只是雕虫小技，哪里是大诗人所为？”说完，摔碎胡琴，把王维的诗歌分发给大家。

从此，王维名动京城。

王维的成名，离不开张九龄的帮助。也正是他的热心举荐，王维才有了更大的成功。王维是幸运的，他遇到了自己的“名师”。其实，真正的名师都会像张九龄一样，真心去帮助他值得帮助的人，去帮助一些有发展潜力的年轻人。

那么，如何向名师学习呢？很多时候，认识一个名师的价值，并不是获得某种立竿见影的效果。真正的收获在于同名师接触和交往过程中，让自己获得更多的信息，获得成长的启发。名人成长的经历本身就是宝贵的资源，这些又形成名师独特的魅力。当自己与名师接触时，从其举手投足的细节中感受名师的格调，让青年教师明白在自己的视野之外，还有新的世界。

也许大家会认为名师高不可攀，其实，只要青年教师有足够的信心和求知欲，深入名师的教育实践领域而后加强学习与研讨，得到他们的关注与指点，并非难事。

我们不妨反思一下，所谓名师，其实就是曾经有成绩的人，曾经用行动影响过他人的人，用先进的理念照耀他人的人。

向名师靠近，主要在于学习他们懂得适时地扬弃。如浙江绍兴的刘发建老师，他在《将相和》（教学实录发表于 2008 年 18 期《人民教育》）的教学中，整个教学流程打破“求证阅读”中“主题先行”的秩序，而后力主“发现阅读”。可当这一课的教学实录公开之后，无数求全的争论，无数褒贬之声，几乎掩盖了打破“主题先行”这一方向性的价值取向。窦桂梅老师近来又在《丑小鸭》一课的教学中有了新的动作——打破教材的束缚，把原本有七千多字译文而压缩得只有 500 字的教材还原，而后开展了一堂引领回归经典的阅读教学。这些名师的教学，可谓大胆，有朝气，但也有值得商榷的地方；或者只是他个人的壮举，不一定人人适宜，教师去研究他们，学习他们抛砖引玉的精神，只有保持理智与清醒的头脑，精心选择，才能得到自己需要的教学真谛。

向名师靠近，懂得理性地评价依然重要。敢于评价名师，并在评价中提高自己，是学习名师的又一条渠道。一位朋友进行了一次课外阅读引领尝试——教学《西游记》。整个教学从“文学大师吴承恩拉开人物感知、动机和行为距离，制造冲突来塑造人物形象”的角度，引领学生走进《西游记》，感受古典小说的艺术魅力。朋友通过网络让笔者就这一课提点建议，笔者认同了这位朋友的突破原有的小说教学套路、重新构建合理的解读新图式的这种教学探索精神和做法。

青年教师应谨记：任何一位成功者绝少帮助信徒，多会主动指点后来居上的人。

第二节　秩序重建，从拓宽视野开始

秩序与稳定，大多是脆弱而确定的人造物；秩序顺了，什么都顺了；秩序乱了，什么都乱；我们的努力就在于找到适合自我发展的秩序。

——题记

解除课堂教学的一些困局，除了习得操纵课堂的积极信息，让课堂教学行为更符合一个新时期内的标准外，在笔者看来，往往缄默性的知识决定着成败。就像写文章一样，高手一提笔，所立的高度便是一般人所不及的。正因为如此，无数教师因缺乏专业化素养而受困其中。

教课和写文章是相通的，都因心智的不同，最终决定着高度的不同。只要沉下心去探求，一些教学框架便会清晰地留存在于大脑，就像写文章时能达到新的高度一样，教学时便会统观全局，游刃有余。

普通教师与名师授课，最大的不同在哪里？人生视野的不同，教学视野的不同，立足点不同，最终产生的效果理应也不同。视野的形成，外因在于多年养成的习惯，内因更是一种心智，是多年修炼的体现。在本小节中，笔者试着去跳出课堂，与大家一同洞察至卓越的途中，名师于课堂站稳脚跟的秘密，抑或是无数名师在公开场合大谈课堂技法，而只字不提的一些秘诀。

一、应有的教育高度

“我只是一个普通的教师，我还是教好我的班就好了。”这是典型的“匠师”言论，真不知应该如何批判。特别是年轻人若如此，将难以实现专业化发展。

思想决定着行动，思考决定努力的方向。往往教育理想的不同，课堂教学行动会不同；往往思考的问题不同，最终决定课堂努力的方向也会不同。如教学同一知识点，在某些教师的课堂里，这就只是一个知识点，而在名师的课堂上，由知识点引发对相关文化背景的回顾与阐发。

试问为何有如此的不同？有人因为课堂而得到解放，有人已经禁锢于课堂。在笔者看来，教师踏上讲台是一件美好的事情。事实是，有多少教师不敢认可，总是在不断否定自我源于课堂的人生价值，因课堂让自我变得越来越渺小，让自己因遭遇课堂困难变得越来越无能为力。

做教师应有的高度，在于能为了人类的教育而教。一些教师无此高度。

在笔者看来，课堂可以产生大思考、产生大理想、产生大行动、产生大作为，人们才可真正实现超越。

1. 课堂向着最前沿

当下，不少教师倾其一生心血教给学生知识，而真正让学生受用的又有多少呢？爱因斯坦说过，学生遗忘后剩下的才是真正的教育。进一步追问，将知识是否转化成学生受用的生产力就已不是教师应该去思考的话题了吗？现在教育的投入和产出往往不成正比。

人们应明白，赢得课堂等同于带上最先进的教育理念走进课堂。课堂教学从一个侧面反映出教师的追求。课堂本是一个极具活力的空间，其死气沉沉的根源，就在于视野受困，教师缺乏胆识和力量让课堂变得更有生机和趣味。要想改变现状，需要教师清除那些落后的观念，勇于吸收新的教学理念。

教育目标不高，被教育的人也只能是在极低的领空飞翔。比如在当代的语境下，一个只知道把班级教好的人，往往只是应试教育的推手；一个只知道提高学生成绩的人，往往是学生多方面潜力的扼杀者……面对当下的教育，很多陈腐的东西，有几个人敢于去触碰，有几个人心怀天下教育，又有几个人清醒而在积累力量，敢于在教育的病变处开刀呢？

近年，杜郎口中学改革创造的奇迹就是最好的佐证。其实，它最大的价值是把一种似乎不可能的事情变成可能，证明了一种新的可能性——农村教育改革谈何容易，它却成为可能。中国教育改革的动力在基层，在校长，更在于千千万万普通的教师。正如崔其升校长所说，课堂是教学改革的主阵地，如果不在这里“大动干戈”，就很难在短时期内触动教学改革的命脉。尽管教师的课堂面临着多方面的压力，但是这种巨大的压力背后依然有着改变的空间，这种可能正因为教师的创造精神和学生的主动精神而变成现实。课堂上的教学改革，所改变的不仅仅是课堂，更是清除了教师陈旧的教育思维，赋予了全新的教育教学观念，在旧有的制度上探索了改革的可能性。

在崔其升校长来校之前，教师不知道讲台可以拆除，不知道教师每堂课讲 10 分钟也能达到很好的教学效果，甚至大家不知道在普通的小学也能进行这么大的改革。是啊，正是教师的退缩和温顺的服从，让教师看不到另外一种更好的可能性。课堂向着最前沿，抛弃顺从心理，融入大智慧、大勇气，成功就会呈现在我们眼前。

谁敢追求最先进的教育，注定谁将有大作为；谁的课堂追随最前沿的教育，意味着谁先脱离困镜。在大家的心中，上好课，更多关注的是教师的语言如何动听，教师的行为是否得体，教师的组织如何有效，教师的设计是否科学。这些是教师从事教育事业的基本功，然而一个拥有更高教育理想的成熟教师不应该仅仅只局限于个人的教学状况，思想境界的高远才能使人从课堂困境中解脱。当下，最需要的是敢于摆脱应试教育中一些弊端。短期内改变现有的考试制度是一种幻想，拿学生的升学机会挑战应试教育也并不明智。但是，教师并不是一点办法也没有。吸收教育心理学的最新成果，探索更有效的教学模式，跳出原来的思维框架，正如杜郎口中学所做的那样，并没有把全部心思放在备考上，而是充分调动学生的积极性，真正提升综合素养，让学生在一种更高层次上面对考试。

当下，最需要的是敢于触碰学科痼疾。不同的学科存在着不同的痼疾，德育最缺的是实效，数学最缺的是思维，语文最缺的是思想，英语最缺的是应用，理化最缺的是知识与生活的结合……当下，最需要的是敢于打破学生发展的桎梏，不同学校，不同地区，不同年级，不同性别,甚至每一个学生,在成长中都面临着这样那样的制约。比如，学生价值观的迷失，学生学习态度的不端正，学生想象力的贫乏……这些都是教育前沿的问题，每个人都批判却没有人解决问题，就需要教师动真格了。

青年教师应谨记：心向着最前沿的教育，一切先进的行动理念才会相伴并自然生成。

2. 将课堂变作课题

困局是相对的，相对于力量强大的人来说。战胜课堂，走出课堂教学的困局，探讨相关的战略与战术，是非常有必要的。前面笔者所谈到的拥有最前沿的先进的教育理念，所产生的作用就像修建一幢大厦，有的建筑从开工那刻起就已是过时产品，而有的建筑没有开工便已奠定其地位。战胜课堂，远大的教育境界之下，哪些才是与之相对应的行动？在笔者看来，将课堂变活，让知识有生命，莫过于将课堂变成课题来研究。

课堂变作课题，演绎着的尽是把人的全面发展看作课堂的全部目的。重新认识课堂的重要性，是非常必要的。也许人们对于课堂所产生的作用,几乎不留意。试问教师的每一节课到底产生了多大的影响？现代的课堂所呈现出的事实是，一位教师少上几节课，它有多大的影响呢？给人的感觉是，少上一课一节的，都没有最终对教学产生影响。

这一切只说明现在的有些课堂做了更多的无用功。提高课堂质量几乎是一个老话题，具体该怎样实现才是关键。

现实中将课堂变作课题被异化的情形比比皆是。比如，不少地方正在践行着“教师成为研究者”的理念，将课堂中所涉及的教学知识点、教学模式、方法等演化成一个又一个小课题，一场如火如荼的教育科研运动展开，为此许多教师纷纷申请课题，校级、县级、市级、省级、国家级的课题真可谓无所不包。事实呢？并非如表征这么乐观，有些教科研本就是伪研究，导致有些课堂行为舍本逐末。

值得指出的是，诸多虚华而浮躁的教师科研现象应该引起警惕。对于一线教师来说，只有把自己在教育教学中碰到的问题和困惑拿出来研究，再把研究的成果应用到教育教学中去，课堂才会生成有价值的过程，才有教学科研的意义。

课堂融入最前沿的教育理念，将课堂转化成为课题而去践行，事实表明，这些都是一个自律的行为，是一种教师自觉自愿的事。也只有那些真正如此去用心的人，他们才最终成功，才不会有课堂教学技不如人的感觉。

链接 2-5

“好孩子”宝座

一次，我走进了晓红老师的语文课堂。让我眼前一亮的是她特殊的做法。

上课伊始，晓红老师对学生说：“让我们看看今天的好孩子宝座上坐的是谁？哦，是小峻同学。小峻同学最近学习非常努力，不仅上课专心听讲，积极参与活动，而且家庭作业也很棒，让我们为他鼓鼓掌。希望下一次坐到好孩子宝座上的人是你！”

我仔细看了一下，发现在教室的最前面，专设了一个特殊的座位，座位上坐着一个男孩子，正挺直腰杆，端正地坐着，眼睛认真地望着教师，一副专注的模样……

我明白了，“好孩子宝座”是用来激励那些需要在心中建立目标的孩子，帮助他们树立自信心的。

晓红老师能选择有效的方法，引导学生成长，这样的教学必然能够在研究中取得长足的进步。她这“好孩子宝座”就是认真研究的结果。

所谓课题研究，无非是采用客观、系统、精确的科学方法进行深入的钻研和探索。教育本身就是一项不断探索、求得发展的事业。可以说，学校教育的场域也是教育研究的场所。如何通过符合教育规律的教学活动完成当堂课的教学目标，这本身就是一个重大的问题，通过解决问题、检测问题解决后的效果，以达到本该达到的课堂教学目标。

有理想的教师应该不做教研的旁观者，不止于做研究成果的消费者，不做“教书匠”，而要成为教育教学的行动研究者，教育教学理念的创新者。教学与研究总是相互联系的，教学总是通过研究寻求最适宜的活动方式，研究总是为教学奠基的。

总之，教师的研究应该立足课堂，贴近教学、贴近现实，所有点滴收获都应与课堂结合紧密，不能只有教而没有研究，只有课堂而没有课题，唯有这样的教师才能自豪地说，我在课堂教学中成长。

如何做到用课题的方式来看待自己的课堂，展开自己的课堂，探求课堂中的问题，获取课堂教学的规律，这是一种境界。将课堂变作课题，需要人们保持对问题的敏锐感。课题开始于问题，只有把教学目标、教学任务、教学过程、教学要求作为一个个有待解决的问题，才能开始真正的课题研究。过分依赖他人经验的教学思维，只是纯粹操作的过程。打破这种习惯思维的假平衡的最好方式就是获取新的信息，学习新的教育思想，接受新的课堂理念；或是观摩他人的课堂，阅读他人的教育作品，参加专业交流的会议等，这些都是触发自己改变“路径依赖”的最好方式。

将课堂变作课题，需要人们在质疑中领悟目标。很多教师看待教学目标总是采取唯唯诺诺的态度，似乎完成教学目标就是唯一要关注的事情。事实上，真正获得对教学目标的理解，往往是从问题开始的，从对目标的不理解甚至不认同到发现背后的原因，并获得新的认同。

青年教师应谨记：最重要的教学研究，就是专心琢磨自己的课堂。

二、落到实处

“思考着人类的教育，必须将自我提升落到实处。”它是笔者针对一线教师课堂教学环节关注过多、教学知识点关注过细而教育理论水平过低等问题，开出的一个处方，就像中医给病人开了一剂治虚弱的药方。

教师必须要有教学主见，学会构建自我的理念，打造属于自我的领域，才能彰显自我的强大。在教育教学中，教师不仅要脚踏实地，更需要仰望星空，那样才会大有作为。

在本小节中，笔者将对培养教育案例的开发能力和提升课堂诊断的能力进行引领。在笔者看来，这是普通教师至卓越的捷径。

1. 注重教育案例的开发

中医高手，技艺炉火纯青，尤其是通过望闻问切，就能发现一个人是否有重大疾病。有人问其成功的秘密，老中医讲述了自己年轻时的经历。他年轻的时候，一有空就到大医院的门口待着，和那些病人聊天，许多病人患了重症，倾诉欲望强，中医就装作普通的病友和他们交谈，看他们的病历，并认真细致地观察他们的面色。久而久之，他从无数案例中逐渐摸索出一套“规律”，最后终成一代名医。

教师和医生似乎有共通之处，有人从教一年仿佛已经有十年的教龄，有人从教十年像是刚上讲坛的新手。这恐怕与一个人是否善于利用自身的经验，能否从个别的案例中获得规律有关。

人们应明白，坚持进行教育案例开发，普通教师才有可能发展成专家型教师。一线教师的提升，只能是在真实课堂中进行提升。比如操作层面的技巧掌握、理念层面的经验总结、教育哲学层面的方向性思考等，整个成长的过程关键在于意义的构建。很多成长实例证明，习惯于从自己的一切教育行动中进行教育案例的开发，更易促进一线教师快速成长。

纵观我们的课堂，就会发现教师越来越关注教学案例并希望从中吸取营养，但是多数教师的目光总集中在经典案例上，以为只有经典案例才有教育意义。一些教师总是习惯于分析别人所采集的文本案例，习惯于在视频中分析专家的课堂，美其名曰向专家学习、向高手学习，进步更快。其实不然。

现实的课堂教学几乎没有给自己留下印象，何谈案例的发现与开发？教师最经典的案例来自自身的课堂，自身的案例总是带着个人的感情、性格、个性和特点，从充满感情的经历中能够获得文本之外的收获。这是笔者建议教师要牢记心中并要时时落在实处的。

一堂课只有经过反思才能变成一个案例，如果没有这种习惯，一堂课上过了也就过去了。所谓功夫在诗外。在教育上，可以说教师的“功力在课后”。如果说课堂是教师的舞台，那课后必定凝结着教师辛勤操练的汗水，可以说：“台上40分钟，台下得用一辈子的功。”其实，课后思考往往有三个层次：一是对自己刚刚经历课堂得失的反思；二是以自己课堂为例对教学普遍规律的反思；三是在自身教学实践的基础上对人类教育问题的反思。但是，残酷的现实是很多教师在课后的时光里，更多的是走进了娱乐的天地，白白浪费了自己很多成长的机会。

能够获得较多案例的人，往往都是教学具备开拓性和创新精神的人。只有通过自己的努力和提高，直面教学中的真实问题，才能真正获得深刻的教学案例。如果一名教师总是日复一日地重复现在的工作，不去琢磨教学的问题，不对自己提出挑战，所获得的案例必定是有限的。

注重教育案例的开发，更易让课堂教学实践产生显著效果。教学案例编写、积累和反思应该成为教师自我成长一个非常重要的部分，只要掌握了其中的一些技巧，每个教师都能从自己的教学案例中受益。关键是教师必须成为课堂教学中的有心人，通过案例能挖掘课堂教学意义之所在。

加强教育案例的开发，人们应认真积累。教师生活紧张而丰富，每天都能经历一些触动自己的片段和情境，如果不注意收集，时间长了必然会淡忘。教师要做有心人，每天都能将自己这一天教育教学行为和经历梳理一遍，写下自己的所思、所见、所感，将点点滴滴累积下来，并分析和研究，那么，思考和写作就有了丰富的资源。

加强教育案例的开发，人们应按照目标理性分析自己的案例。教师应该根据自己工作的性质、特点，确立自己思考和钻研的主题。当然，多主题也可以。但是，对许多年轻教师来说，单一主题或许进步更快。当有了这些主题后，教师按照一定的目标，对案例进行分类、整理和分析，提出解决的策略，这样就能避免盲目性，不断提高自己的课堂教学能力。

加强教育案例的开发，人们应抓住特征，挖掘有价值的案例。案例通常有下面四个特征：一是真实性，案例必须是自己所见，不是凭空听来或者杜撰出来的；二是疑难性，案例应该是包含有问题和冲突的事件、行为；三是典型性，案例必须有其特异之处，并非日常行为；四是启发性，案例并非一个简单的故事，而是经过自己的研究和开发，能够引发更深层次的思考。为此，教师在针对自己的课堂研究时，要学会筛选、学会提炼，把最有价值的案例挑选出来，供自己研究，为自己的课堂打开一扇明亮的窗户。

青年教师应谨记：教师只要不断积累案例，厚积薄发，定能有大发展。

2. 学会课堂诊断

一位专家型教师的价值，体现在能用自我所掌握的知识、技能或理念，指导他人走出困局。现实是，一些教师局限于课堂，需要外力的帮助。他们虽然通过长期的案例研究，提高了自我掌控课堂的能力，但是这种能力只局限于个人。提高他人的认可度，有效的办法是在帮助他人改善课堂症结的过程中得到认可。现代的课堂病症很多，从而也给很多有能力的教师提供了体现自身价值并得到大家认可的机会。因此，教师在积极诊断自己的课堂外，还要大胆诊断他人的课堂，帮助他人改善课堂，以达到证明自己的教育教学能力的目的。

其实，课堂诊断早已不是什么新鲜活动了，也有不少人对课堂诊断进行了研究，提出不少新的想法。但是，目前人们所理解的课堂诊断仍存在一些不合理因素。比如，一些教师没有很好地区分评课和课堂诊断，在开展课堂诊断的同时还是采取一种评课的态度，好的方面几点，不足方面几点，类似于对课堂的整体性评价。又比如，有些学校首先定出一套评价的标准，然后形成一条一条的指标，制作成表格，依据表格给课程打分，进行诊断。这种诊断更像是一种考核，而不是发现课堂教学中的问题。

总之，课堂诊断更应提倡一种个人化的诊断方式，用教师不断完善的理想教学和自己课堂中的实际表现进行对照，判断自己教学中出现的问题。当然，适当运用科学的观察、录音、录像、表格和测量工具也未尝不可。

链接 2-6

“为谁读书”的反思

今天，我执教《为中华之崛起而读书》，这是人教版新课程小学语文四年级上册的课文。在学习完第三部分后，我有意让学生联系生活实际，明白读书的真正目的，就设计了下面这个教学片段。

我:“今天你们为什么而读书呢？”

学生 A:“为了中华之崛起而读书。”

学生 B:“为了国家的富强读书。”

这时，又有一个学生 C 喊出来了:“为自己而读书。这是我爸爸妈妈告诉我的。”

立即，在学生中炸开了锅，有的附和:“是啊是啊，我也是为自己读书，要考个好大学。”有的哄笑扮鬼脸。以前没有讲过这篇课文，这个局面我并没有预料到。于是，我决定改变预设教学计划，对这个问题好好进行探讨。

我:“这个同学的说法似乎得到了很多人的认同，今天是否需要为国家的富强和民族的振兴而读书？我们来讨论一下。”

学生开始讨论。

学生 D:“没有国家的强大，我们就会受人欺负，应该为国家的富强和民族的振兴而读书。”

学生 E:“虽然时代不同了,但是每个人都需要有爱国心。我觉得，我们依旧需要为了国家的富强和民族的振兴读书。”

看到局面向我可以控制的方向发展，我及时做了总结:“在今天这个时代，我们依然应该为了国家的富强和民族的振兴而读书。”

学生们都似懂非懂地接受了我的观点。

虽然这堂课过去了，但是事后想起来总觉得不太妥当，感觉没有达到理想的课堂效果。通过反思，我发现这个片段存在着以下两个问题。

一是备课缺乏必要的预设。当学生提到为自己读书的时候，我确实感到非常担心，因为要想凭一人一时的力量去改变学生的态度实在是很难。如果事先能够了解一下其他人的处理方式，或许会有更多的启发。只有这样，才不会出现手忙脚乱、匆忙应对的场面。

二是课堂提问缺乏科学的表达。我在提出“今天是否需要为国家的富强和民族的振兴而读书”时，就已经预定了问题的答案，其实潜台词就是“需要”，问题变得单一，而且实际上已经转移了问题。“为自己读书”和“为国家读书”并不是二选一的答案，问题的本身在于谁轻谁重，我的转移封闭了问题，化解了“冲突”，与让学生明白读书的真正目的相去甚远。

这种反思很深刻。我们都会明白，“为自己读书”在当下有很大的市场。但作为一名教师，必须坚持为人民教书，让学生树立为国家和人民读书的信念。以小见大，立意深远的引导是教师对学生进行思想教育的责任。这份反思，实际上是一种心灵的反省，在课堂上开诚布公，暴露自己的问题。也许经过自我诊断，仍旧找不到“药到病除”的办法，但诊断的意义就在于这种追求卓越的过程之中。

教学质量是学校教育的生命线，高品质的课堂是学生成人成才的重要保证。然而，经营好课堂并不容易，最有效的办法是发现课堂的问题，一步步改善教学而获得成功。课堂诊断能帮助教师提高课堂目标的达成度，而且它是每一个教师都能动手参与的教学研究，更是突破教育困局最为有效的手段。这就要求每一位教师在课堂案例研究的过程中，还需加强对课堂教学中常见症结的了解和学习，当问题出现时大家才可能更好地未雨绸缪，防患于未然。

教师要使自我变得强大，掌握课堂诊断知识是非常有必要的。课堂诊断是一门系统的学问，不同的人有不同的理解。但为了发挥课堂诊断的价值，笔者还是觉得有必要提出一些可供商榷的做法。一是能深入挖掘课堂细节。对自己的课堂做出一个好坏的评价，似乎已经显得太浅显，显然今天的教师不需要夸夸其谈的表达，而是要直面课堂的问题，找到提高教学的方法。因此，课堂诊断应该把细节作为切入点，关注一两个片段中的细节，展开批判性的反思，利用各种思想资源和他人经验，进行挖掘和琢磨。二是能做好课堂日常诊断工作。每次上完课，并不意味着结束，教师应该自己对这堂课的效果进行评估，尤其是那些进展不顺或者存有疑惑的课堂进行课堂诊断。只有养成这样的习惯，教师才能确保自己是在“用心”上课，才能尽量克服自身教学中的毛病。三是能强化课堂诊断个性化行为。许多人常把课堂诊断理解为大家集体听评课，笔者更愿意将其称之为“会诊”，但更多情况下，还是个人化的诊断。个人化的诊断最重要的是深入内心，叩问自己为什么这样做。

青年教师应谨记：所谓教学反思、教学诊断，最终的落脚点都在于改变。只有课堂中教师行为的改变落到实处，才能促进自我的强大。

第三节　超越学科成绩，理顺新秩序

有时伪命题比真命题更具有“说服力”，更具有权威性，大家更会习惯性地将伪命题当“真命题”。

——题记

超越学科成绩，追求专业化，其中最重要的体现在于不要迷恋于学生的成绩，因为学生成绩≠专业成长，学生成绩不等于教育成就。

追求学生成绩，淡忘专业发展，这正是一些教师难以获得教育成就的一个根本性原因。学生无成绩，致使教学产生困局，对一般教师还能说得通；学生有成绩，教师因教学结果只剩下那一点成绩而产生困局，这近乎就只能说明一个问题，教师的教育观和人才观出现紊乱，对教育的理解出现了重大问题。

学生要取得好成绩，是社会给予教师的期待。学生通过教学掌握新知获得较好成绩，而教师并没有随之教学相长，这几乎是无数教师的真实写照。很多教师只能将所任学科学生的考试成绩当作衡量自我专业水平的标准。

笔者认为，一个优秀的教师，他的课堂必须是学生有成绩，同时教师必须要有强大的课程力才行。拥有超越学科成绩的人才观，拥有强大课程产品生产力时的教育观，并能在课堂中同时朝着两个目标向度发展，那样才会脱离匠气而成大器。

一、双学目标达成

教育教学活动，本应有两个目的，一是助力学生成长，一是助力教师成长，这两者本不分主次，也没有先后次序，往往能同时抵达，即近年笔者常指的“双学目标达成”，教达成学生之学目标，教达成教师之学目标。纵观近年的教师与学生的发展状况，偏重学生成长已经让教师成长的目的变得可有可无。不可否认，在课堂，助力学生成长的目的具有显性特征，推动教师成长的目的具有隐性特征，最终导致其中一个目的变得无比强势，另一个目的逐渐弱化，甚至到消失或呈倒退的趋势，这本身就是一种极不正常的现象。

对于一个普通教师而言，虽然不一定保证人人心向天下的教育，但必须保证自己对自己职业人生负起责任，在保证学生于教育中成长的同时，推动自我成长。笔者近年从调研中发现，一位教师能否通过教学促进自身专业素养、专业智慧的提升，依旧是一个观念问题。为此，后面与大家一块探讨的并不是某一知识点的传授，而是转向两个观念的交流。

1. 培养骨干

相对于课堂教学来说的一种手段，教师只承揽课堂“领袖的角色”。在教育教学中，教师这一领袖最大的功能是集聚人才、使用人才，当然还要发现人才、培养人才，让聚集在自己门下的所有学生都能够发挥长处、人尽其才。这样的教师才是最成功的教师，因为每个学生所创造出的最大成果都被他整合成为自己的课程。

教师虽不可与学生争名，但可以将学生发展纳入自我的课程。培养骨干，即围绕培养卓越的学生而提升教师专业素养的一个理念。这实质是一种对如何培养学生的探讨，主张教师拥有强大的专业素养，以掌握学生朝着理想方向发展，就像叶圣陶主张“教是为了不教”的观点一样，这里包含了教育观与人才观的统一，促使教育教学让师生各得其所。

学生不是教学的产品，而是课程建设中重要的元素。学校中常常出现两种极端：一种教师事无巨细，全部亲自动手，带领学生做清洁，亲自擦黑板，捡起教室的纸屑，一心想着学生什么都不用管，一心读好书就好了；另一种教师今天吩咐学生做这个，明天吩咐学生做那个，甚至让学生帮忙打扫办公室的卫生。这恐怕都是不正常的现象，培养骨干本质上是管理自律，而非替代教师。

链接 2-7

魏书生的班级管理

魏书生在最繁忙的时候，担任实验中学校长与书记之职，同时兼任两个班的班主任，还要承担两个班的语文教学，一年平均四个月在外开会出差。令人称奇的是，他从没有请人代上一节语文课，一学期教材只用30课时就能讲完。他从不批改作业，但他的学生在升学成绩却能比重点中学平均高7–8分……他到底是怎么做到这一切的呢？

这其中的秘密就在于培养骨干，善于利用学生来加强班级管理。他的班级管理充满了创造性和智慧。

一是善于引导。曾经有学生问他："您还能做我们的班主任吗？"魏书生说："为什么不能？"学生说："我们看您太累了！""那我就请副班主任来管嘛！"学生问："副班主任在哪？"魏书生说："就在每位同学的脑子里！"谈话中，魏书生除巧妙地向学生传达了对学生的信任外，还向学生传递了这样一个信息，这就是：管理不是教师来约束学生，而是学生在学习活动中的自我约束。

二是巧用制度。魏书生大大强化了规划、决策过程中的学生民主参与。魏书生的管理目标系统地反映在他们师生共同制定的"班规班法"中，涉及的范围很广，有思想教育、学习检查、纪律监督、多种体育锻炼、卫生保健，做到事事有人管、人人有事管，甚至在班规中明确确定了每一个学生的职责。

三是引入竞争。有一次，学习委员收书费，他要一个一个收。魏书生说："我没有让你这样收,你可以用手表啊。"学习委员很聪明，马上拿着手表说："同学们注意了，各小组组长请站在你们小组的左侧，下面我们要开展收书费比赛，各就各位，预备开始。”书费很快收齐了。

四是加强代谢。他设立了值周班长（自报，轮值两周）、值日班长（按学号轮值），这些同学与常务班长、团支书、班委会成员一起，各有不同的职责，共同负责班级各种事务的处理。这里的临时常务班长制，就是所谓的代谢机制。

什么是替手？替手就是能够替代自己的人才。教育教学关键在于管理，致力于学生能力与素养的培养。教师骨干至少有两层意义：一是放心交给学生重担，把学生当作自己的副手，让学生去自觉或自律，能全面替代教师去管理自己；二是找部分能替代自己的学生，让他们单独代替教师完成教育任务。魏书生的成功，已经将培养骨干的理念淋漓尽致地展现了出来。

尽管有人认为魏书生的成功与其个人魅力以及在学生中的绝对威信有很大的关系，但他的一系列举措对教师班级管理依然有很大的启发意义。魏书生在使用“副班主任”的时候的确是敢于放手，关键是放手之后，学生能够做好各自的工作，而且能够让整个班级运转良好。许多人用学生做“助手”通常都是给学生下达任务，教师说一点，学生做一点；教师不说，学生不做。一方面，教师指责学生不会主动；另一方面，学生认为教师管得太宽。更为特别的是，让学生自我管理，本身就是一种教育。学生在逐渐学会自我管理的过程中，一方面培育了主体精神，学会自己为自己负责；另一方面，在这种综合的实践活动中，掌握了现代公民必须具备的技能。

凡做大事者，易于善始，难于善终。做大教育者，宜培养骨干，长期坚持，形成规模。如果有人有心去查阅“魏书生的班规”的话，一定会感到震惊。小小的班规，不是通常的十个条款，而是涉及学生生活的方方面面，甚至谁来负责照顾教室里的花都有明确的规定。有了规定，还有了对应的监督制度，监督规定是否落实。当然，严格规定的基础是民主，他的班规是以学生为主体制定的，大部分学生在班规出台时就很认同。

魏书生教学中的大胆也是出了名的，他能够长期在外出差，不批改学生的作业。在这种情况下，学生之所以能做到有条不紊是因为各自都知道做什么，而且都能按照要求去做。在这种情况下，师生之间的关系早已经不是监督者和被监督者的关系。

我们在课堂教学时要能有的放矢，充分具备教育性。在教育中，管理也是一种教育，这是天经地义的事情。魏书生并不是把学生作为工具来使，而是把应该学生做的事情还给了学生，这种“归还”是一种成长空间和发展机遇的归还。魏书生表面上做得轻松悠闲，但每一项行动的实施都需要大思考、大智慧，需要思考什么适合班级，什么适合学生。只有把学生放在适合的地方，放在他需要的地方，放在能促进他成长的地方，才能获得最大的教育价值。

青年教师应谨记：事无巨细的教师不仅吃力不讨好，而且侵犯了学生自主发展的权利，还剥夺了学生锻炼的机会。

2. 努力争做优秀

师成绩或成就，笔者主张长期拥有主观能动的课程，教师拥有绝对的能力左右学生的成绩，而不是总让学生成绩牵着走。一生优秀便可以达成这样的目标，习惯优秀便可实现这样的目标。可能有人会质问笔者，这只是一种教育教学的理想状态。其实，只要大家静心观察，就能发现，无数教师一生习惯于做优秀的教师，在他们的培养下，他们的学生也习惯于做最优秀的学生。

我们的教师只要努力争做优秀，总会拥有走出困境的法子。习惯优秀，其实是走出困局最好的办法。试问，一生习惯于优秀的教师，在教育教学中真的还会陷入困局吗？因为习惯于优秀，教育的困局几乎已经不成其阻力，摆在面前的困难更会让他们明白努力的方向，更能将此变成前行的动力。只不过，习惯优秀需要教师超强的能力素养作支撑，而能力素养并不是一时一刻便可养成，它需要一个长期的规划并朝着目标奋斗。

优秀是一种品质，更是一种习惯，它体现于工作、生活的日常之中。教育生活中，习惯优秀的教师所占的比例是非常低的，一所有百名教师的学校也就二至三成能达到。

试问自己习惯优秀了吗？优质的课堂理念、优质的教学设计、优质的生成过程等，许许多多的人没有将所做之事做到优秀，“差不多”成为真实的心境。这样一来，谁也拯救不了谁。在笔者看来，每一个教师都有优秀的潜质，关键就在于态度问题，在于自我品质的问题，在于如何行动的问题。

链接 2-8

不带走的柿子

美国一个摄制组来到中国某地，想拍一部农民贮存柿子的纪录片。

美国人找到一位柿农，说给 20 美元买 1000 个柿子，并请柿农演示采摘、贮存过程。

柿农高兴地同意了，并找来一个帮手。一人爬到树上，用弯钩一拧，柿子就掉了下来，下面一人开始贮存柿子。

拍完整个过程，美国人付了钱准备离开。柿农说：“怎么不把买的柿子带走啊？”美国人笑而不答：“不需要，买柿子的目的已经达到。”

柿农自言自语道：“世界上竟有这样的傻瓜！”柿农并不知道，柿子并不值钱。值钱的是他们那种贮存柿子的生活方式——这可以卖更多的钱。

此故事就是“隧道视野效应”的反映。一个人若身处隧道，看到的就只是前后，只有走出隧道方能看得到隧道，方能看得更高远。教师为考试成绩而努力时，往往就像柿农一样只看到眼前小利，其实贮存的方法隐蔽着更大的收益。

对于身边的教师来说，谁没有成功的经历，谁没有曾经的成绩和成功，成功过后却陷入困局，原因何在？就像很多柿农一样，年年有收成，稍有不慎，年年都会有陷入经济危机的困局。很多教师只注意给学生成绩，并没有去研究给学生成绩的方法，根本没有形成一套教育教学中取胜的独有法宝，又怎么能优秀起来呢？

很多时候，教师在课堂教学耕耘的过程中，只看到学生取得成绩才是现实最需要的，没有对促成学生成功之道或失败之理有刻意去思考与总结的经历，其整个过程就是得到一部分又丢失一部分。这怎能算作成就优秀的行为呢？

“习惯优秀、追求卓越”，没有哪个教师进入讲台就优秀，优秀都是熬出来的。在教师这一行当中，有的人进步发展了，有的人命运多坎坷；有的人摔倒了很快站起来，继续昂首阔步；有的人错过了机遇就永远错过了，今后难以找到弥补的机会。究其原因，主要是刻意优秀的习惯，有的人只知道柿子，而并没有去挖掘出贮存柿子的方法。

优秀也并不是遥不可及的事情，往往就在于多一种思维习惯，多一点教育教学外的提升素养的行动。在教书育人的世界里，一个人的境界越高，所能给予的教育也越有穿透力和持久力。习惯于优秀，在于寻找课堂闪光的规律。古罗马诗人奥维德说：“没有什么比习惯的力量更强大。”确实如此，如果一个人养成了一种坏习惯，他将一辈子受到这种坏习惯的折磨，反之亦然。现代资料也显示，人类每天百分之九十的行为都出自习惯的支配。教师成长，其实就是一个教学经验长期习惯性总结并践行的过程。所以，要想成为一个优秀的教师，就应该让优秀成为一种习惯，就应该对自己要求严格——习惯性地对课堂中成功之道进行归纳，而后再为新的课堂树立高标准、严要求。果真如此，教师的教学一定会硕果累累。

习惯于优秀，在于能促进自我强大的教学行为。教学过程中没有让自我强大的行动，同样是对学生不负责。这就要求除了在课内加以提升外，同时还需要多方努力。看看经典案例中的优秀教师和先进经验，教师会进一步感到自身的不足。比如，黄静华老师三十五年如一日，始终秉持“假如我是孩子”“假如是我的孩子”的教育格言。她习惯于换位思考，与学生“交心”。贾志敏因为习惯于锤炼自己的课堂语言，以至于平日看电影、听戏、读报、交谈时发现一些好的词语，都要掏出本子记下来，然后巧妙地运用到教学中。这些值得青年教师学习。

青年教师应谨记：教学如果没有让学生和教师本人各得其所，这样的教学只能是遗憾的机械教学。

二、做有影响力的教师

所谓影响力，一般指的是用一种别人乐于接受的方式，改变他人的思想和行动的能力。实践证明，教育效果在很大程度上取决于教师的影响力。有影响力的教师，学生亲其师、信其道。教师是学生心目中的偶像，学生会对教师的言行等方面产生强大的感应，会自觉按照教师的要求去做。没有影响力的教师，学生往往对教师所教授的课程漠然视之，对教师的褒贬置若罔闻。因此，教师用尽浑身解数依然无法打动学生的时候，通常陷入了教学困局。

卓越教师的影响力多来自“知识渊博、讲课生动、逻辑性强、办事公正、品德高尚、有事业心”六个方面。下面，笔者将从教师影响力中最突出的两个小点展开阐释，希望能对教师有所启示。

1. 不带着情绪进入课堂

人有喜怒哀乐，教师也必然会有情绪的变化。正如一些教师所抱怨的那样，教师是一种劳力劳心的工作，而且教师的角色是复杂的：妻子或者丈夫的角色、孩子和父母的角色、教育者的角色、研究者的角色、学习者的角色……每一种角色扮演出现了问题，都会影响到心情。

一般情况下，学生会因教师的反常情绪，产生对教师的课外生活进行揭秘的兴趣，他们了解的多少与教师的影响力成反比。一些教育专家已经注意到教师的情绪问题,甚至提出教师应有“心情假”或者“情绪假”，这种提议有其积极的一面。掌握了控制自己情绪的技巧，就意味着突破了教育生命停滞不前的困局。有人说得好:“一面对学生的时候,我就忘却了所有烦恼,心情变得无比舒畅。”这种境界虽不易至，但笔者仍心向往之，并相信广大教师也有这种愿望。

当教师的心绪不安、狂乱烦躁的时候，会暂时丧失人性中许多最为宝贵的东西——耐心、倾听技巧、观察力、智慧、平静感以及爱的能力。教师会在不知不觉中变得吹毛求疵，对学生的期望值越来越高；总是会反应过度，容易激动和生气。但教师即使明白这一点，也常常无法控制自己的情绪。经常有教师带着负面情绪走进教室，结果，教师的哀伤让学生畏缩，教师的暴躁让学生不安，教师的怒火让学生恐惧，教师的武断让学生委屈，教师的生气让学生怨恨……

在成年人的世界里，别人的情绪最多只会让你也有情绪，因为别人的情绪而影响自己工作的并不常见。当然，长期生活在苦瓜脸老板、“更年期领导”的阴影下,大家也往往感到工作非常不顺心,甚至有“跳槽”的打算。成年人尚且如此，更何况心智不成熟并相对较为敏感的学生呢。

学生的世界比较简单，接触的人除了亲人就是教师、同学，而一些与学生接触比较多的教师就很容易对学生产生巨大的影响。一位教师长期带着情绪去上课，去接触学生，从而让学生对这一门课也失去好感的现象并不鲜见。这正是教师的情绪倒了学生学习的胃口，让学生失去了学习的兴趣的原因。

一个人要真正做到调节好自己的情绪是一件非常难的事情，如果有人能做到收放自如，那一定有非常高的个人修为了。要达到那种境界，我们可以从点滴做起，采用“内调”（调整心态）和“外服”（心理学疏导方法）相结合的办法逐步改善。

不带着情绪进入课堂，教师培养一颗爱心十分重要。正所谓“没有爱就没有教育”，爱是人必有的内在良知，这种爱并不是无本之源。有的人在步入教坛之初就带着爱心而来，爱教育、爱学生；也有人是在教学生涯中越来越学会爱，并逐渐积淀起对学生对教育的感情。教育是人与人的交往活动，只有付出了感情才会收获感情，只有付出了爱才会收获爱。教师这项职业的意义在于与学生的教学相长之中，在学生成才的时候，自己内心获得极大的满足和精神享受。

不带着情绪进入课堂，有必要掌握一些合理发泄的途径和方法。比如换位思考，在心理因素的作用下，人们都认为自己是对的，对方必须接受自己的意见才行。如果能够交换角色而设身处地地为对方想一想，就可能更客观地理解问题，更好地接受现实。又如倾诉，亲人、朋友以及可以信赖的人都是你很好的倾诉对象。也许倾诉并不能解决你所面临的问题，但是有助于你维持内心的平衡。认知调节也是一种非常有效的方式。比如，有人感叹：“班主任工作不是人做的，三年就成祥林嫂！”这样的思维，更多的是关注工作的复杂。但是，如果能想到班主任工作是全面锻炼人的知、情、意、行全方面潜能的最好的形式，等你做好这项工作的时候，你就会感受到自己的成长，这样心情就会稍稍有所缓和……

青年教师应谨记：在学生眼里，教师的情绪化是无能的表现。掌控自身的情绪是师生有效互动的保证。

2. 做个有特长的教师

一位来自中国北方农村的中年妇女，因为女儿在美国，便到美国移民局申请绿卡。她只读完小学，汉语表达不好，英语也只会说“你好”“再见”等。她申请绿卡的理由是“有技术专长”。移民官看了她的申请表，问她：“你会什么？”她回答说：“我会剪纸。”说着，她从包里拿出一把剪刀，轻巧地在一张彩色亮纸上飞舞起来。不到三分钟，她就剪出几个栩栩如生的小动物。

美国移民官瞪大眼睛，像看变戏法似的看着这些美丽的剪纸，竖起拇指，连声赞叹。这时，中年妇女从包里拿出一张报纸，说：“这是中国《农民日报》刊登的我的剪纸画。”美国移民官一边看，一边连连点头，说：“OK！”旁边和她一起申请而被拒绝的人是又羡慕又忌妒。

据说，即便是一些成功人士，申请移居美国也并非轻而易举的事。一位普通的农村妇女却轻易地就“OK”了，为什么呢？原因很简单，因为她有一样拿得出手的特长。

作为一名普通教师，如何在专业化发展的道路上脱颖而出呢？应该像这位农村妇女一样，做一名有专业特长的教师。每个人都不是完人，不可能样样精通，但你至少得有一样拿得出手，它便是你的特色。当你把自己能拿得出手的那一样展示出来，你便是一名有特长的教师了。

学生容易受那些被认为更有特长、更有经验的人的影响，而且这种影响的程度往往超出了人们的想象。而今的学生懂事越来越早，往往用更挑剔的眼光来打量教师，一些平淡无奇的教师往往并不能很快得到学生们的认可。教师的特长就是一张张独特的名片，在片刻间获得学生的欣赏，从而产生更大的影响力。学生因为对这位教师的特殊的喜好，从而更容易产生信任感。

最近几年，越来越多的教师因为自己的特长而走进了大家的视野，易中天的语言天赋和逻辑思维众人皆知；复旦大学哲学教师陈果以其细腻的语言和个性化的表达方式深入人心……

可是，更多的教师的教学工作没有生气，上班、备课、上课、批改作业、下班，面对一届一届的学生重复讲授自己同样的课程，也许总能让学生取得很好的成绩，然而学生毕业以后甚至难以记起教师的名字，更没有多少有关教师对自己产生影响事件的回忆。

这是多么鲜明的对比，没有发挥特长的教师的教育只能止步于课程结束的那一刻，他们的教学业绩也只局限于学生取得的考试成绩；

而特长鲜明的教师不仅让自己的课堂走出了教室、走向了社会，更是走进了学生一生的回忆和终身的发展之中。

链接 2-9

苏静老师的诗教

青岛嘉峪关学校年轻的苏静老师钟情于诗词曲赋，还能写得一首好诗词。正是由于对诗歌的偏好和对传统文化在青少年成长中的作用的认同，苏静把开展诗教作为自己语文教改的起点。

开始，苏老师在教室一角开辟“每日一诗”，提出背诵和竞赛要求，学生们好奇地围着诵读。苏静在课堂也尽可能多地引用古诗词，让学生感受教师的诗词素养，学生在回答问题时偶尔引用了诗词，苏静也大加赞赏。学生兴趣渐浓，苏静及时推出了讲诗词故事、诵诗接龙比赛、郊游诵诗等活动，并成立“青云斋”和“兰若轩”两个诗社，对阵赛诗渐成气候。曾经热衷动画片的同学们，现在做完作业就钻进古诗文的世界，古风、乐府民歌、汉赋、唐诗、宋词、元曲越背越多。

苏静老师期末为学生所写的评语，也诗意盎然：

“气质美如兰，才华馥比仙。”用这句诗词形容你真是再合适不过了……

“忍一时风平浪静，退一步海阔天空。”还记得苏老师送给你的这句话吗……

诗意盎然的教学过程成为学生一种美好的精神享受，学生在这种美好的人文氛围中，汲取中华古典文化的智慧，幸福地成长。慢慢地，苏静引导学生从背诗到写诗，甚至到限时作诗。

2001 年 5 月 11 日青岛市新教师比武课上，听课的老师当场出了两个题目：未来、小草。时间一到，苏静老师令小诗人停笔诵读自己的诗作，一首首精彩的诗歌出现了。郑伟伟同学的《小草》：“草，春气芬芳满天飘。绿如碧，衬饰春光好。”（十六字令）陆地同学的

《小草》:“不比花香，不比树高。苍天之下，青青小草。”(四方古风)周煦同学的《未来》:“她是一个美丽的梦想，她是一个久远的传说，她是一个可爱的童话，她是一个不变的承诺。她是什么？她是一条通往成功的路，她是一首饱含笑泪的歌。她在何处？她就在我们凝视的远方。”

苏静老师有幸被朱永新教授破格录取为研究生，毕业后成为一名大学教师，成长为一名诗教名家，并将自己的诗教艺术传播开去。尽管她因为自己卓越的魅力很好地发挥了自身的特长，取得了令人瞩目的成绩，这一条成功之路充满了神话般的色彩，但是在这神奇背后仍旧有她的勤奋努力。

苏静的成功正是她特长展现的过程，她本身就是一个爱诗读诗写诗的人，她对诗歌的爱好感染了她的学生，诗歌也成了学生的爱好，并成为一门独特的教育艺术，为人称道。教师的个性如同火光照亮了课堂教学，照亮了学生的学习时代；教师的个性犹如灵性的种子，播撒在学生的心田。

教育活动是一种创造性的活动，因为教师所面对的每一个学习者都是各不相同的，每个教师的思想、气质、知识结构、审美情趣和教学能力也不尽相同，这就决定了教育活动不可能是一成不变的，每一次教育活动都应该发挥教师的特长。教育人生，总有许多因素压制着教师特长的发挥：繁重的教学任务似乎让教师没有闲心去发挥自己的特长；日益琐碎的教学工作似乎让教师找不到特长和教学的切合点；教育管理的精细化束缚了教师发挥特长的手脚……然而，这些并非关键的制约因素，真正的制约来自教师的内心。

加强专业化修炼，放大自己的特长往往会产生事半功倍的效果。提到“特长”，有些人会想到自己似乎并没有什么特长，其实，若挖掘每个人都有自己的特长，只是觉得不值得一提而被忽略了。会朗诵的语文教师、会画画的英语教师、有深厚国学功底的语文教师、会记忆术的数学教师、熟悉许多名人名言的政治教师、会讲故事的历史教师……都是非常令人尊敬的。今天我们能做的，就是发现、发展自己某方面的特长，让其尽情地发挥。

人们应明白，也许在特长不明显时，更应在给予自我教育人生的规划中注重特长培养。如果你倡导一种“思维数学”，那么你就可以在教学之余去钻研思维的学问，用高妙的思维去打动你的学生；如果你倡导幽默英语，那么你就可以试着在业余开发你的幽默才能；如果你倡导充满艺术感的语文，你就不妨结合语文教材钻研音乐和摄影绘画作品……总之，特长可以培养，只要你有了教育的理想和合理的人生规划，特长定能促使你突破教学的困局，成就自己的教学魅力。

青年教师应谨记：将你的特长融入到你的教学艺术中去，往往能形成你独具特色的教学风格。

第三章 嬗变，从做去功利化的课题研究开始

生命中具有两个目标：其一，追求你所要的；其二，享受你所追求到的。

——罗根·帕索·史密斯

前面章节，对于教师如何打造成功的教育生涯，我们做了总体牵引——主动精神、勇于表达、跨越式发展，并以此作为全书的引子。希望青年教师朋友能以之追逐教育，站稳课堂、赢得课堂、成就卓越。

正因世间万物因果牵连，我们才有了可以批判的理由。通常，一位教师的嬗变，多从做去功利化的课题研究开始。成就卓越，没有抽象的成功。困局总会体现在方方面面，走出课题所致的困局，笔者有意无意间将其放在了一个重要的位置。

一

教师之间的差距，因为行为和目标不同而变大。智者之智，就

在于他身处困境而清醒及与众不同的方向感。在这里，我们专题研讨如何主动地学做课题，这是又一条至卓越的捷径。倡导从做课题开始发展自我，增加完全成长和完全自我发展的理性。

二

做十年的看客，不如给自己十天行动。人，如果没有发展，那将是多么可怕的事情！教育成长如逆水行舟，不进则退。不做看客，学做课题，在课堂外思考课堂内的事情，从课堂内将自己的生命延伸到课堂外，为师的人生才会更加丰富，而不是空虚。

教师在工作当中，把自己的工作作为研究对象，以课题的方式向前推进，并不断改进，努力提高教育教学质量，那可是一件非常了不起的事。大成者，总有更大的困局。在这一章，谈论的不是怎么做课题的话题，或对技术层面的指点。我们要论及的是现实更需要的，是关于课题的一些理性思考。能否大成，只是心态的问题，只是行动的问题，理性地走出课题研究的困局，为师的人生才会变得更加厚重。

第一节　专业化，须在课题研究上下功夫

社会越现代化，教育培训的人就越专业化。这是社会所需，但同时，进入专业的程度越深，人可能愈封闭、愈窄小。

——题记

论及专业化发展，时常想到的就是那么几个人，优秀的理由通常就是那么几种。这些带有天赋的认证，给了自己不优秀的借口。其实，就那么几个鹤立鸡群的人，从普通走向优秀并至卓越有偶然的成分，但更多的是必然的结果。对于笔者来说，更多关注的是他们的经历，而不是偶然而后带来的必然，因为这些没有可复制性。在我看来，明确优秀的不可复制性，于天下教师那才是真正有价值的指引。

“教的主要目的，是学生的发展，而不是教师的发展；教师只有真正的学，教且研，才会迎来发展。”倡导从做课题开始，在课题研究上下功夫，努力课题研究，闯出一条属于自己的路，任何人只要朝着一个方向不断追求，都有机会走上成功的通途。

一、打破追寻课题带来的困局

谈及课题，许多人对此并不生疏，但有的人却望而生畏，止步或徘徊。探究研究课题的价值，从实用角度来看，教师的科研实力得到社会认同，很多学校把申报和主持课题作为工作业绩，列为考核乃至职称晋升的重要条件。从学术角度来讲，申报课题是促进专业化提升的过程，能促进对研究能力、研究方向、研究思路等进行全面反思和梳理。人们若申报课题，必须勇于面对过去，回顾和总结以往的研究历程，根据已有的课程建构成果，寻找自己的研究优势和特长，并以

此为据确立申报的主题和内容：必须勇于面对现在，从地区、全省乃至全国性的范围，审视自身所准备申报课题的可行性和价值；必须勇于面向未来，对于自身研究目的及其可能生成的预期课程产品精心设计，进行理论研究、材料归纳、经验提升，促进学术创新。

有些教师将课题等同于能获取实际利益的东西，而事实上那些大多只能称作附属品，重要的在于自身专业素养的提升。谈及促进教师的专业化发展，只有抛开杂念才会由被动变成自觉的追求。并不是只要开展课题研究，就一定会成为优秀教师。课题只是一个支点，一个载体，研究是手段不是目的，只有抛开功利，用心去做课题研究，沉下心去做，成就卓越才有可能。

1. 做人抉择与有价值选题抉择

作为一线的教师，做课题研究总有一个摸索、艰苦的过程。如果做课题的出发点是课题成果所产生的价值，甚至是不当的层级攀比，其结果只能是在学术领域里没有自我的话语权，抑或成为一种牺牲品，致使灰溜溜地黯然出局。

涉足课题研究，若能找到“我，我的”课题，相对而言给出正确的选题，近乎等同于成功了一半。成为一名做课题研究的成功者，比成为课题产品的受益者更重要。研讨课题相关话题，职场掠夺是绕不开的话题，比如，防止源于学术领域里的那些非暴力性的不劳而获的伤害显得至关重要。这也是为什么笔者总是在提及追求共同利益，是职场生存的重要原因。从一开始，我们如若追求学术独立，提升自我专业化研究水平，拥有通过研究对假说展开自圆其说的能力，比给出正确的课题结论及成果更重要。

课题的选择，是一门科学，也是一种艺术。人们应明白，找到有价值的选题，才会给予自己强大的理由。课题研究，是一种综合性的实践活动，一种特殊的学习活动，比如探究教育。教育课题研究不是另起炉灶，而是为改进教育教学，提升教育教学的科研含量，促进教育教学效果的提高所采取的研究行动，它值得我们为之努力。

选题工作必须认真对待，确定一个有意义、有价值、可研究的课题，多会事半功倍。课题研究大多反映人们对于本学科发展规律认识的广度和深度。选题，顾名思义，是指经过选择来确定所要研究的中心问题。从广义上讲，选题包括两方面含义，一是确定科学研究的方向，二是选择进行研究的问题。选择和确定研究课题，是进行教育科学研究的第一步，而且是关键性的一步，它不仅决定研究者现在和今后科研工作的主攻方向、目标与内容，而且在一定程度上规定科学研究应采取的方法与途径。

选定有价值课题开展研究并非易事，有时研究环境氛围受到破坏。当下，课题功利性凸显越演越激烈，很多人为评职称或者晋级等才搞课题研究。追求功利无可厚非，但过强的功利性会使课题研究陷入误区，比如重视开题与结题，忽视有价值课题选题的确立，忽视课题研究的过程。由于缺乏实实在在的研究过程，对研究的问题没有真正深入探究，即使课题勉强结题，对专业化发展的促进定然也不会有实际意义。

链接 3-1

学界泰斗蔡元培

蔡元培是中国较早受西方教育思想影响的学者，是中国的学界泰斗。世人尊称蔡元培先生为“中国现代教育之父”。

蔡元培使与“太学”无异的北京大学变成了“研究高深学问”的现代化大学，与他要求大学生“以研究学术为天职，尤当以养成学问家之人格”有直接的关联。为达此目的，他又强调教育独立，学术独立，讲究学术自由，兼容并包，更是抓住办学的关键。后来，他创建了研究院，基本因循这一套原则，为中国正统学术的建立打下坚实的基础。

有人把蔡元培的特殊本领总结为“正大的宗旨，博大的思想，伟大的人格”三条。“学界泰斗，人世楷模”，是毛泽东同志对他的评价。

学界泰斗蔡元培的做法与要求，无不值得我们深思——课题研究与如何做人。我们做课题研究，为了什么？获得名利上的满足？为大名或大利而奋斗，但那也是有前提的，一定要在自我的强大而做出相应的贡献和奉献之时。更多的教师做课题研究，真正给教育贡献非一日一时的努力而成，最初更多的是一种自我的超越，一个打基础的过程，从一开始就涉及功利，其行为只能是一种自欺欺人的表现罢了。

当今社会各领域发展变化迅速，难免躁动、虚浮之风。教育作为最后一块净土，也免不了受其污染，或多或少地飘浮着躁动之气。教师要选好适合自己的课题，在研究上下足功夫，那才可谓是本真的东西。必须说明的是,课题研究绝不是一个淘宝的过程,必须要潜下心来。正所谓:“天将降大任于斯人也，必先苦其心志，劳其筋骨，饿其体肤，空乏其身，行拂乱其所为，所以动心忍性，增益其所不能。”

课题研究重在研究过程有所创新与作为。创新不是跟风，著作要读,专家的理论要学,研究的方法要学,但不能总停留在复述的层面上,要想方设法让专家的理念、方法“落地”，使研究内容贴近教育教学实践中的真实问题,范围不宜太宽太泛,目标不宜太高太玄。笔者觉得,越是本土的、富有个性的东西，越有新意。研究的方法最好是以解决具体问题为主的微观研究，研究过程应与改进和提升教师自身的教学能力密切相关，研究的方法和策略应该方便教师与自己的教学实践建立关联，这样的研究才有价值。

选择课题主要是研究教育实践问题，重点应是对教育实际所遇到的问题的探讨与实践，选题应立足于本人的工作，立足于单位的需要。课题研究要贴着地面行走，要基于学校和学生的最近发展区，扎根现实，立足实际做文章。如学校德育方法落后的问题，学科教学的学生主体地位落实的问题，学习方法更新的问题，学科教学生活化问题等，只有贴近教师的教育教学实际才是最需要我们肯定的。

寻找有价值的选题，教师可以根据自己的具体情况和能力确定研究的课题。敏锐观察，细心捕捉，发现别人发现不了而自己又感兴趣的问题，从细节处对问题进行广泛而深刻的思考，进行切合课题实际研究，不盲目地去做大做强，这样就不难寻求到科研的素材和切入点。

给有价值的选题制定探究的基本原则非常重要。一是实用性原则。眼睛向下看，脚步向下走。探究的问题，是人类已有的认识和实践还没有完全解决的问题，或是虽有所认识和实践，但尚未完善的问题，即探索性问题、新问题。二是创新性原则。选题要注重理论创新，要有新意,与众不同。它或填补某方面的空白,或是对某误说的纠正等。当然，它可能只是此地此时需要探索的问题。三是可行性原则。选题要从实际出发，根据自己过去的研究成果和调查研究的资料，以及自己的学科方向、实际工作情况，确定是自己能力可以承担的题目。依托学科，研究学科中的问题，增强研究成果的操作性，才是有效的教育科研。

确定选题的方法和途径很多，归结起来比较常用的有以下几种：一是从有关部门发布的课题指南中得到课题。地方教育科学研究管理机构或教育科研规划领导小组，会发布一些教育科研课题指南。对这些指南中的课题，教师可以根据实际情况，进一步具体化，制定选题。二是从教学实际所急需解决的问题中提出课题。教师置身于教育一线，这是教育问题的原发地。在此，教师可以关注教学实践，对其作深刻分析，以挖掘其中有价值的问题。比如学生创新能力的培养问题、“差生”转化问题等。三是从先进的教学经验和方法中归纳出课题。研究的取向主要是将他人研究成果应用于自身的教育实践。这类课题比较适合年轻教师。四是从教师之间的切磋与交流中发现课题。通过交流，一些教师自身没有意识到的问题可能会被激发出来，同时可以了解其他教师的教育教学情况，并和自身的教育教学情况做比较，也会涌现一些问题。五是总结经验形成课题。教师结合自己的兴趣，对自我教育教学经验进行分析及总结，进行系统化的梳理和理性分析，发现自己的教育教学亮点、成功之处。这类课题一般适合已经具有一定教学实践的骨干教师研究。

青年教师应谨记：真做课题与做真人有关；选择课题，适合专业化发展的才是最好的。

2. 抓好细节更有出路

课题来源有两种，一是自发性的小课题，一是有组织性的大课题。相比而言，后者给参与者设定更多的要求，真正能成为课题组成员的人只能是少数。自发性的小课题，虽然缺少官方的认证，或缺乏相关资源的支撑，但不排斥任何一个参与者。只有真心进行课题研究的人、能下足功夫的人，最终才可能取得成功。

世间万物几乎都遵循一个规律，有得必有失。参与小课题研究，如若没有一个整体规划，更难有大成。参与官方组织的课题，如若按部就班，其实结论早已既定，除了最终能获得一纸空文证明曾经的经历，再没有什么新的收获。想要通过课题研究而实现自我的超越，必须找到应有的理性之举才行。

探索一条出路也罢，打造一个典型也罢，从细节着手才有出路，因为细节的处理往往决定着应有的高度，亦是专业化素养的体现。“泰山不拒细壤，故能成其高；江海不择细流，故能就其深。”细节决定品质。据说，麦当劳的作业手册达五百多页，烤一个牛肉饼就写了二十多页，这就是细节，这就是成功。

现今，课题研究中伪现象比较多。有些学校教育科研选择的课题宽泛，涉及因素众多，动辄就是学校的整体性变革或综合变革，贪大求全，不切实际。这样的课题，一个大问题关联到一系列的小问题，并没有明确的目标指向，甚至没有鲜明的问题意识和线索。真正的研究，多为小题大做，“积小智而成大智”，对局部的关键性问题进行脚踏实地的研究，所产生的辐射、互动、连带作用，有时远胜过浮于表面的面面俱到的研究。

链接 3-2

“草根式”小课题研究

北京市海淀区实验小学开展小课题研究，卓有成效。

该校从小处、实处着手，开展“看得见、摸得着”的小课题研究，改变了过去教师们普遍认为科研工作“太大、太难、太远、太神秘”，从而不愿搞科研的情况。该校副校长王晓英介绍，小课题研究定位“草根式”，让每一位教师参与进来，并实实在在地解决教学管理上的困难。比如，针对由于小学生的行为习惯不好，教师 68% 的时间用在了管理学生上这一现象，学校提出“用小课题解决德育问题”，通过开展国学课程，规范学生行为规范，丰富了学生的生活，提升了学生的素质。

我们有充分的理由相信，这样的“草根式”小课题研究会让学校教学受益。选题，不管是大课题还是小课题，其切入口都要小才行，即所谓的“小、精、实”，突出重点，贯穿主线。自此，我们何不审查两位教师正在开展的课题？一个是“培养学生外语学习兴趣的研究”，另外一个是“初中生物课堂教学中利用‘悬念’提高教学效果的研究”。分析发现，前一课题的研究内容非常宽泛，可涉及不同学段、不同年级和校内、校外诸多方面，就校内而言，会涉及课程建设、课堂教学、课外兴趣小组等，就其中的课堂教学而言，与学生的外语学习兴趣直接相关的就有目标定位、内容处理、情境创设、过程调控、资源运用、评价反馈、师生对话、组织形式等多方面，其中每一个方面都包含很多需要研究的内容。所以，面面俱到地研究培养学生外语学习兴趣问题，是很难深入的。相比之下，后一位教师从学生对生物学科的学习不够重视、自己任教的班级数量多、对学生情况不太熟悉等实际出发，选择切入口比较小的课题，研究的可行性、所能达到的深度和实际价值就大大增加。

研究课题切入口小反而更有价值。一是内容涉及面小，容易进入，也容易把握；二是研究的问题往往都是以小见大、见微知著，细小处能够折射出大问题；三是研究时便于对问题聚焦，做深、做透、做精；四是对“小问题”的深入开掘，更能锻炼深入探究、重视实践的态度和思想方法；五是在一个问题上的深入探索比起对许多问题浮光掠影式涉猎，更具有迁移效应，更容易出成果。

选择有价值的选题而研究，“个人课题研究”选题定然要与自身岗位工作相结合才更有益。从小课题起步是一种好的策略。教师个体做大课题，既感到力不从心，也不容易深入进去。个人课题主要是解决教师个人教育教学中出现的问题、困惑，并总结经验，是一种微观的应用性质的研究。其特点是研究范围微观、内容具体、切口小、周期短，容易操作。小课题研究因为小，便于操作，更能自觉地投入。因此，教师应该多关注被大家司空见惯而被忽视的问题，多关注细节，多尝试换一个角度看问题，如此等等。

人们最好能将小课题选题与大课题选题相结合而展开研究。大课题一般多由各级科研机构确认，它研究的往往是教育教学中存在的普遍问题的普遍规律，侧重于理论性的基础研究，它回答的是教育所要解决的共性问题。大课题可以衍生出很多个子课题。例如，某校的有效性教学研究就涉及很多学科。如何提高小组合作学习的实效性、如何调动学生积极参与课堂、如何有效设计练习等，都可以成为教学研究的小课题。这样的小课题，才能确保教师研究目标更明确，实效性更强。但这要求人们有主动性，能主动积极地参与大课题研究。

青年教师应谨记：做大课题研究，注重合作精神；做小课题研究，更能凸显自我。

二、走出缺少正确理念形成的困局

有课题，无研究，即使有，也是盲目的。谈论教育研究，更要谈论课题，甚至是最前沿的课题。前面笔者多次提到教师做课题研究，并不能保证成功。但就这句话，换成一种积极的心态去应对课题，笔者发觉也并不全对。只要真正投入做选题，在失败的研究中，也能从中获得专业素养的有效提升。只是人们更加主张，带给教育绝对的成功，因为相对教育来说，涉及下一代培养的问题，一定经受不起任何挫折和打击。

回顾近年来的教育，我们经历了一些风浪，在新一轮课改进行中，就有了否定的声音。在整个研究的过程中，教师再没有信心将课题做下去，已经成为最大的障碍。问题到底出现在哪里？在笔者看来，一种理想状态下假设的课题，研究不能顺利推进，几乎是正常之事。

1. 最缺的是哲学根基

我们首先直指教师专业素养跟不上课题开展的要求。教师专业素养不足，更多地表现在没有自我的教育思想，或教育思想的不独立，甚至是经验不足导致目标性的缺乏。很多教师随着教学年限的增多，似乎也越来越缺乏对教育的追求，没有为自我超越的个性发展进行规划。

所谓教育理念，是人们在对教育的基本认识和对教育规律正确把握的基础上，所形成的对教育未来发展的一种观念形态的知识和认知。教育理念之于教育实践，具有引导定向的意义。

人，真正的生命价值是思想。教师的尊严，在于有思想。教师有思想，才会体会教育的意义，才会不断超越自我，重视课程改革。教师有思想，才会以激情点燃激情、以理想鼓舞理想、以生命唤醒生命，才会教出有思想的学生。有思想的教师以自身丰富的内涵与睿智的思考给学生以终身的影响，才能使学生真正领悟到生命的意义。

北京师范大学肖川教授说：“我们中国的中小学教师缺乏思想。”

他指出，原因就是“文化底蕴不够丰富，学识积累不够丰富，缺乏对人类历史和人性的富于深度的理解”，其结果是“大量劳动停留在低层次”“缺乏对学生精神的引领，对自身工作的高远立意，对课本知识的价值观和心理结构的深刻洞察”，把教育极端化为“浅显、平庸，没有灵魂的认知结构的堆积”。

我们要立志做有思想的教师。我们不奢望成为思想家，但至少应该成为独立的思考者。每个教师应该对教育理念做出正确的价值判断与选择，并孜孜以求。

教育的高度决定教育的宽度和深度。很多问题无法解决，是因为我们教师站的高度不够。如果教师能够高屋建瓴地看问题，许多难以理解的问题便迎刃而解。因此，再次建议教师要培养超越技术层面的素质。美国教育哲学家乔治 · F. 奈勒说：“那些不应用哲学去思考问题的教育工作者必然是肤浅的。一个肤浅的教育工作者，可以是一个好的教育工作者，也可能是坏的教育工作者。但是，好的也好得有限，而坏的却每况愈下。”

哲学对教师的意义不言而喻。教育哲学能为我们的教育实践提供正确的价值判断，哲学是所有科学的基础。站在哲学的高度，对教育的本质、教育存在的基础、教育的实践、教育的价值等问题，进行哲学的考察和分析，这些理论和知识正是我们一线教师所缺少的。教师可以直接从教育哲学中获得从事教育工作的思想养料、观点的启迪、思维的力量。掌握哲学原理，做更深层次的反思，这样才能使思索更全面、更科学、更客观，才能提高思考的含金量。

哲学修养对每一个人都十分重要。对教师来说，自身发展到一定阶段，没有哲学修为就无法再突破、超越。从本质上讲，教育哲学素养不是纯粹的知识体系，它应该是教师的一种教育态度，一种教育思维品质；它是教师借助哲学的概念、方法，运用哲学的理论思维能力及坚持对理性的信仰。教师教育哲学素养的养成，需要通过有意识的教育哲学的学习和训练，并在具体的教育实践中得以明晰和深化。

在教育教学改革实践中，修炼教育哲学能让我们保持更清醒的头脑，少走一些弯路，能够以更睿智更平和的心态来对待一些新问题。最典型的表现在于，帮助我们透过现象看本质，摒弃一切形式主义，扎实做事。比如，一些教师片面追求形式，忽视课堂中的情感态度、价值观等核心要素的渗透。虽然课堂教学重点突出、层次清楚、环节过渡自然顺畅，学生也掌握得不错，但由于缺少关于教育本原问题的渗透与思考，缺少对学科自身价值内涵的思考与挖掘，陷入了“为教而教”的误区，导致课堂缺少应有的深度与价值体现。

链接 3-3

学者胡适

胡适作为一名学者，他的学术领域涉及文学、历史、哲学，“哲学是他的职业，历史是他的训练，文学是他的娱乐”。

排除外界的、偶然的因素，成就胡适的最主要的内在因素，是他的见识。胡适认为:“做学问要在不疑处有疑，待人要在有疑处不疑。”什么是“不疑处有疑”呢？那就是能见他人所不能见，有自己的见识。胡适的《文学改良刍议》为新文化运动找到了突破口，开辟了新战场，并且使它成为主战场。其见识非同一般。

一名杰出的学者除了应该具备广博的知识之外，更重要的是要有“识”：学识、见识、胆识。而要把自己的崇高理念付诸实践，还要具备高尚的人格。

教师每天的工作千头万绪，维持纪律，和学生谈话，完成教学任务，协调同事的关系，参加各种各样的培训等。但所有的行动，核心只有一个，这些工作都是为了教育。在众多的表象之下，掩盖着某些规律性的东西。如何把握它们？这就必须用到教育哲学的功夫。把握好了，才能万变不离其宗，不管做什么工作都能促进学生的发展；

如果把握不了，教师就会陷入“事务主义”里去，就会感到疲惫不堪，应接不暇。

教育哲学素养欠缺的教师，多会反思意识欠缺，成为纯粹的教学工具，被动地执行命令。普通教师往往缺少对“什么是教学，什么是教育”等一类涉及教育本原问题的追问，这是普遍的现象。教师最可怕的是没有自己的教育观念，今天学习上级下发的材料，认同其中的教育观念，就风风火火地依葫芦画瓢，从不考虑本校和自己学生的实际；明天在某报刊上看到一种教学模式，就不假思索地效仿起来。问题在于，他不但没有理解其理论实质，且脱离实际地盲目照搬，没有主见，很容易从一个极端走向另一个极端，这对学生是不公平的。

一个人想要具备较高的哲学素养，关键在于学习和实践。教师要增强哲学素养，关键在于博学、笃行、深思，在学习实践中加深感悟。具体来讲，提升教师的教育哲学素养可从以下几点出发。

一是多阅读哲学书籍。经常阅读一些具有丰富思想营养价值的哲学书籍，可以增加我们对哲学的兴趣，并从中了解一些哲学上的知识。

二是积极主动地与其他教师对话、交流。在办公室，教师们利用休息时间就当前国内外的重大新闻、热门话题进行开放性的讨论，不限定答案，目的是在思维的碰撞中提升哲学素养，自觉地对各类问题做出辩证的思考与判断。

三是经常向教育名家学习。如认真观摩名师的课，用哲学的眼光去分析，挖掘名师的思想内涵，结合自己的实际，吸收名师教学中好的做法，把别人的东西内化为自己的东西。

比学习更重要的是创造。一线教师要获得自己的教育哲学和哲学头脑，捷径还在于学会反思，能及时总结经验教训，及时记录下自己的一些灵感，并把感性认识上升至理性认识，完成教育哲学思想的嬗变。

青年教师应谨记：有教育哲学思想的教师，多有主见性。

2. 最不缺的是教育手段

内蒙古师范大学教授陶·哈斯巴根指出:“一个世纪内世界教育基本上没有多大改变。”或许在教育的历史长河中，留存下来最多的可能就是不断更新的教育思想，以及培养学生的方法，而对于教师如何自强的研讨，虽然著作层出不穷，但依旧是没有找到最直接、最根本的办法。教师心智强大,教育才可能强大;教师独立,教育才可能独立。反复咀嚼老教授的良言，让笔者更多地看到当下因为教师缺乏个性和追求，而让整个教育也失去应有的个性。

现代教育最不缺少的是教育手段。不管当下的改革以何种方式去打破原有秩序，将新的教育技术渗透到具体的教育教学中，能够走多远，不管教师将新的教育手段运用于一线教学是怎样巧夺天工，但我们依旧清晰地感觉到，只有回归人的本性原点，真正注重内心的体验和自我肯定的过程，教育才被肯定下来，培养的人才被社会认可，教师才被肯定。

教师是教育智慧的追求者，而不是教育智慧的占有者。教师不是真理的代言人，更不是真理的化身，其使命不在于将已有的知识传播给学生，而是要与他们一起去探索未知的真理。超越传授学科知识的要求，最大限度地接近教育智慧的层面，追求教育智慧的过程就是追求卓越和不断成长的过程。

当前，中国教育界最不缺的是教育手段。我们往往很难意识到，自己的行为是在某种哲学思想、观念的指导下进行的。某些教师认为，教学就是技术，就是技术的应用，就是教师教育教学技能技巧的运用。在他们的眼里，只有技艺、技巧，缺少对学生人性的关注。

随着科技的不断进步，特别是在这“互联网+”时代，多媒体技术辅助教学已在各级各类学校中得到普遍应用。有时衡量教师的一节公开课上得如何，有没有运用多媒体技术成了必不可少的标准之一。但在实际应用的过程中，存在一些误区。比如，有人把教育现代化与教育手段的现代化等同起来。许多教师在进行教学设计时，往往优先考虑现代化手段的使用，但许多人对现代化的理解仅仅局限在现代化手段的使用上，对教育思想、教育观念及教育过程的现代化考虑得则比较少。手段是先进了，但理念还停留在原地，教学目的仍是应试，教学方法仍是灌输，有点像街头那种会“算命”的电子仪器一样，换汤不换药，挂科学的“羊头”，卖迷信的“狗肉”。

信息技术推进时，人们如果不谨慎，稍不注意不但没能促进专业化提升，相反还会致使教学陷入泥潭。正如华东师范大学教授范国睿所说：“信息技术并没有使人变得聪明。”

现代化的教育手段一定能够提高教学效果吗？其实不然，先进的教学手段和好的教学质量不能画等号。影响一节课教学质量、效果的因素是多方面的，如教师的教育观念、活动过程的设计、教育手段的运用等。先进的教育手段只是提高教学效果的辅助手段之一，而不是决定性因素。事实证明，只有根据各课程内容的特点选择合适的教学媒体，在适当的时机，掌握好使用的度，这样才能达到我们的初步目标。多媒体是教师教学的辅助工具，教师的课堂不能被工具牵着鼻子走。

教育现代化不仅要有现代化的手段，更要有现代化的思想观念。当前，很多教师为制作一个课件，通宵达旦，奋斗数日甚至几周，呕心沥血。做出来的课件固然美轮美奂，但这样的东西的实际意义有多大呢？有的是华而不实，舍本逐末。在使用现代化教育手段的过程中，总结提炼出先进的教育思想和理念，这才是我们的根本出发点，也是深层次的目标。

理论指导实践，这是认识的一次飞跃，执行起来并不费劲。但要从实践中提炼出理论，这是认识的第二次飞跃，一般人会感觉困难重重而轻易放弃。作为教师，我们应尽量知难而进，迎头赶上。实践证明，危机中蕴藉着转机，困惑越大，一旦超越，我们得到的收获也将越大，而且这也可能是其他人所不及之处，是人生中的闪光点。

当下，最需要的是人们能充分利用传统教学方法的调控作用。教学手段是为高水平的教学质量服务的，为学生长足发展服务的。传统教学手段仍然有着现代教育手段不能替代的价值，在课堂教学中应得到重视。在传统教学中，教师和学生有良好的交互性，教师可以根据学生的基础及掌握的程度来灵活地调控课堂教学速度及方法。因此，在多媒体教学中可以适当地运用传统教学的调控作用，充分挖掘传统的“黑板＋粉笔”的潜力。教学手段的多样化和现代化，使得课堂教学效果得到优化。

同时，需要人们能在教育教学实践中增智慧、长才干。教育工作要在实践中总结经验，在实践中探索创新，在实践中提升突破。在课堂教学中，教师随时调节教学手段，争取最佳的教学效果，在使用现代化教育手段的过程中，尝试总结提炼出先进的教育思想和理念。坚持实践、实践、再实践，在实践中总结，在实践中创新，不断提升教学工作的新绩效、新水平。学习、研究的目的，是要推动实践、创新的发展。教师要勇于实践，在实践中增长本领，在实践中经受历练。

青年教师应谨记：教学的艺术不在于传授，而在于激励、唤醒和鼓舞。

第二节　立志提升理论素养的人，成功者众

在把自己投向未来之前，什么都不存在，连理性的天堂也没有他；人只是在企图成为什么时才取得存在。人为把自己造成他愿意成为的那种人而可能采取的一切行动中，没有一个行动不是同时在创造一个他认为自己应当如此的人的形象。

——让·保罗·萨特《存在主义是人道主义》

教师的伟大，在于拥有正直且高尚的灵魂。然而，对于一位特立独行的教师而言，伟大的职业更需要诸多具体事物的支撑，才能促成并彰显其伟大。做强大的教师，要不断地接近现实，或许这样的规劝不逆耳且中听。正如笔者一直信奉一个理念：教师之我强大，我之教育事业才强大；教师之我无能，我之教育必将无能。

教师的强大，都遵循着完全发展的普遍规律——从无知到有知，从知之有限到懂万物，世间从来没有与生俱来的强大教师。在走出人生困局至理性的论述中，中心主旨就是使“我们，我们的”实力变得强大，以自我完全发展的力量去削减困局。其中，不乏借外力才可解决，但更应明晰，很多时候只能靠我们的觉醒。

通过做课题研究，促进自我素养完全提升，这是一种从实践中完全实现自我教育的方法。这一小节，笔者将探讨什么是自我教育理论，如何去发展和运用已经掌握的教育理论，以及如何在具体的教育教学中彰显强大。

一、走出理论素养不足形成的困局

一般说来，教师所掌握教育理论直接的体现，莫过于他的一切教

育行动。我们通常所指的理论素养，在课堂教学中，更多的还只是一种教育原则的遵守，教育方法的动用，教学过程中给予巧妙的解惑，这只能算作一种间接的体现。在现实教学中，因为教师的辛苦劳动和善良取得的成就，似乎掩盖了他背后所支撑着行动的理论。为此，间接的理论素养提升，被更多的教师忽视。

理论素养的不足，完全可以找个办法来见证，如写一篇论文或做一次课堂诊断等，无话可说或看热闹，无知与浅薄，便暴露无遗。作为教师，理论素养的不足近乎可以将他排除优秀之列。事实上，理论素养更直接的体现就是做课题研究。因为做课题研究，需要教师所掌握的理论作为支撑。

据观察，理论素养的不足并不可怕，很多教师并不是因为有很强的理论素养才进入课题研究的，恰恰相反，他们通过最直接的课题研究，快速地提升自我的理论素养。而拒绝参与课题研究的教师，有可能直接丧失提升理论素养的机会。

1. 理论就是意图，包括战略与战术

理论是什么？具有很强理论素养的教师与普通教师相比，有何明显的不同？就以做课题为例，通过操作课题便可分出自身素养的高下。一项研究课题，选题时间在一个月以上。选题阶段工作量大，需要搜集资料，构思选题的大致内容，以及课题成果科学性和可靠性的预设等。一个拥有较强理论素养的教师，在选题环节彰显的专业化水准定会与众不同，如严谨的科学实证以及规范的学术文本。这些恐怕是普通教师难以完成的。

理论其实就是意图，包括战略与战术，理论研究是一个可以通过完全学习而逐渐提升的过程。拥有较强理论的教师，其教育教学的意图更明了，策略得当，战术得力；相反，则是一片模糊。教育科研可以有效地促进教师专业理论的拓展和理论水平的提升。课题研究的过程，是教师学习理论、运用理论、提升理论的过程。

任何科学研究都需要理论依据。科学研究是认识客观事物的内在本质和运动规律而进行的一系列活动。教育理论作为对教育现象的抽象和概括，已舍弃教育现象的个别性和特殊性，反映教育活动的内在本质与普遍规律，具有抽象性、普适性和系统性的特点。任何人都可通过实践学习，通过不断实践而拥有完全发展的能力。

教育理论是教师提升自身教育境界的重要工具。做课题能让教师成长，理由在于它是一个强大的理论环境场。习得新教育理论是教师在原有知识结构的重构，是教师原有教育理念更新的过程。我们可以积极主动地学习教育教学基本理论，汲取国内外先进的教育思想、方法及最新成果，广泛涉猎前沿的教改信息、动态与进展等，加强自身的理论修养。

开展课题研究的过程，实际上是由感性认识到理性认识的一个飞跃，是由自发成长向自觉成长转变的过程。通过课题研究开展教育科研，多能促进教师自觉地、主动地学习，钻研教育科学的理论，从而有助于提高教师的教育理论水平，自觉地按教育规律办事。为此，我们主张教师能拥有积极的课题研究行动。

少许教师也在搞一些专题研究，但由于缺乏科学性、计划性、系统性，研究过程多呈随意状态，成果多是零碎的、肤浅的。在课题上精力投入很多，未得到有效提升，是值得反思的。其实，只要对比深入了解，就会发现症结在于质性研究缺少实践，量化研究缺乏数据处理行动。这种缺乏研究知识与素养的支撑，或是走马观花似的形式呈现，或蜻蜓点水过程认证，如此而已，怎能致远？

链接 3-4

发明家爱迪生

著名发明家爱迪生，仅从文凭和学历来说，不是高级知识分子，但是他所掌握的知识是有效的、灵活的知识。

一次，爱迪生把一个灯泡的玻璃壳交给他的助手，要他计算电灯泡的体积。由于电灯泡不是规则的圆形，这位助手算了一个上午也没有算出来。爱迪生从外面回来时，看见助手仍然在一大堆公式和数据中苦苦思索。他笑了笑，什么也没说，接过助手手里的电灯泡壳，在里面注满水，然后倒入一个形状很规则的玻璃杯中，结果立即得到。助手恍然大悟。

做课题研究，往往就是意图的执行。拥有文献研究的方法，拥有扎根研究的技巧，能在学中做、在做中学，是教师完全发展的习得过程。人们若专业知识少就容易被动接受，多掌握一些科学方法更会主动思考。在研究中自己动手，通过实践观察和思考，人们就会从研究中悟得新知，促进理念的建构和教育主张的形成。同时，人们能将习得的理论知识与具体的生活实践相联系，学以致用，活学活用。从被动到主动、从约束到自觉、从理念到践行，一个人就会逐步完全成长和完全成熟。

课题研究作为理论与实践的最终结合点，通过能动的实践，教育理论才能表现出应有的价值。把教育理论转化成操作形态而推向实践，让教育理念落到实处，必须把理念化为工作、把思路化作行动。“操千曲而后晓声，观千剑而后识器。”动手做一做，比单纯的“纸上谈兵”要来得更具体、更全面，也更直观。我们要有实事求是的态度，善于消化、吸收先进的教育理论，善于反思自己的教育实践，还要拥有海纳百川的气度和胸襟。

教师在做课题研究时，元策略性知识是动手操作的生长点。任何动手操作的成功，都离不开元策略性知识。在探索性的动手过程中，我们可能刚开始并不很清楚里面的规律，但是只要运用其元策略性知识并符合教育规律，操作就能成功。所以，对于动手研究操作课题来说，最终形成的缄默性知识非常重要。

拥有强大的理论素养的人，在课题研究中更能顺应局势，从而建构自我的知识结构。教育理论的深层价值，在于启迪与唤醒教育实践者，为其提供一种精神的引导。开展课题研究，提升理论素养，意义在于帮助人们认识问题、建构知识结构和形成自我的思想。只有善于用理论武装头脑的教师，才能有思想的高度和思维的广度，才能有博大的胸襟和清晰的理性，才能洞悉事物隐含的规律，从而做出科学的判断和正确的决策，引领做课题的一切行动。

积极开展课题研究是一个炼狱的过程，拥有战略眼光方才利于后期践行。所谓战略，通常是指决定全局发展方向或长远目标的策略。对于课题研究来说，如果面面俱到的话，可能效果不是很好。提升自我的战略眼光，抓住这个关键，一切新问题就可迎刃而解。特别是在人力、财力、物力、时间都非常有限的条件下，拥有战略眼光更利于重点突破。在课题研究的过程中，我们应加强统揽全局、规划全局、驾驭全局等谋划。

在搞好规划彰显战略眼光的过程中，应时刻保证课题研究顺利开展。能深入领会和正确把握教育理论，高屋建瓴地分析机会和问题，对可能出现的情况进行设想，并从全局出发应对日常问题和挑战。能制订课题研究方案，内容包括：准确表述研究问题和分解研究问题，将研究问题转换成假设，确定采用研究方法，安排研究计划及人员分工等。

课题研究时讲究战术，主要体现于能将意图全面执行。深入课题研究的战术研讨，发现主要包括三个类型：一是循序渐进法，即按自然顺序开展研究；二是化整为零法，把研究对象分解成若干比较简单的要素，然后分别加以研究；三是先易后难法，根据思维的活动展开进行研究，思考成熟什么，就先研究什么。三个类型的战术并非孤立，往往需要根据具体的研究内容及环节灵活取舍。

青年教师应谨记：先用教育理论武装头脑，才能把理论转化成实践时的思想、智慧和精神。

2. 无法实现时可采用迂回方式

一个人做任何事情都可能有不顺的时候。在课题研究的过程中，教师进入一个死胡同，这可能是常有的事。比如，普通教师在进入课题研究的最初阶段，也许由于感觉某一课题研究非常有价值，而后便投入大量精力进行研究，回首时却发现因当初个人的理论素养较低，所选的课题的价值太小，但这却是自我发展不可缺少的一个重要过程。

在课题研究的过程中，思维方式的转换是整个研究的关键。当静下心来，回首自己当初立志教育科研，自发地开展小课题研究，这样一做就是三年，读书、查阅资料、撰写课题报告等，如此充满激情地做了大量的重复性的研究，但最终结果却“皇天尽负苦心人”，仅有一篇一千字的论文在一家刊物发表。现在提及这些，我更想说那三年坐冷板凳的经历，实质上就是自我专业化发展打基础的阶段，不但让我掌握了如何做课题研究的方法，更促进了自我教育理论素养的提升，思维方式变得更加严谨，增加了全局意识。

学做课题研究一定少不了一年或几年打基础的过程，其贵在坚持。很多课题研究进行到一定程度，再也进行不下去。究其原因，很多人往往会认为是开题后遇到资金不足、时间挤占、成员变动、资料匮乏、突发事件等各类困难，对其没有进行有效预设，更未提出应急预案。面对这些客观存在的困难，更应追问研究者的素养，因为“比客观性更高的是主观性的可能”。

随着课题研究的深入开展，现实问题层出不穷，科研教师仅凭原有的知识已经远远不够。当课题研究遇到一定障碍时，不妨先暂时放一放。我们知道得越多，越感觉到自己的无知；我们探究得越多，越感觉到自己被掏空。这时，必须转换一下思路。做课题者要围绕课题进行专业阅读，不断吸纳他人的智慧成果，通过学习以产生新的启发，通过学习以发现差距。

当下，教师开展课题研究有弄虚作假的现象，这是科研态度不端正的表现，是对教育事业的亵渎，是我们绝不能容忍的。

链接 3-5

特级教师于漪

于漪老师是一名终身的自我教育者。

于漪，1929 年生，1951 毕业于复旦大学教育系，全国著名语文特级教师，全国教育先进工作者、劳动模范。历任上海市人大常委、上海市杨浦中学语文教师、上海第二师范学校校长、全国中学语文教学研究会副会长，全国语言学会理事，上海市中学语文教学研究会会长等职，著有《于漪文集》。于漪在其著述中说："把自我教育作为终身的任务：做了一辈子教师，一辈子学做教师，我能不能做一名合格的教师，就看我一辈子怎么努力学做教师。我一辈子学做教师有两根支柱：第一根支柱是勤于学习；第二根支柱是勇于实践。两根支柱的聚焦点就是不断地反思。"

于漪老师，一名终身的自我教育者，如此，何谈人生无业绩。以科学的态度面对教育，能实实在在地做课题研究，需要花费很多精力、时间，并且需要静下心来认真做，同时，可能还要在某些方面做很多牺牲。即使这样，还不一定保证能取得成功。这种吃力不讨好的冷板凳，如果没有一定的修养与决心，在当前追求边际价值的社会现实中，意志薄弱的人不容易达成。

以科学的态度正视教育，参与课题研究活动，不管结果如何，注重参与过程才会有收获。课题的实验研究活动是暂时的，其中所收获的才是终身受用的，如思维方式、行动走向、研究方法等。研究过程中一定会遇到诸多的新情况、新困难，一时遭遇失败，产生挫折感，是正常现象，跌倒了需要的是能立即爬起来，继续上路。只要坚持探究教育，就会有一个良好的开端，坚持不懈，才能赢得人生。

我们应明确，加强教育教学理论的学习，是教育科研活动的重要内容。很多时候感觉无法达到预期目标时，采用迂回的方式，也是一种最有效的办法。有人指出，促使专业理论知识提升的最快捷径，是“写论文或做小课题研究”。此言不虚，课题研究在一定程度上激起人们更大的继续学习的热情。因为只有在这个时候，才有足够的动力和精力去翻阅平时少涉猎的枯燥乏味的理论书籍，静心学习与课题研究有用的知识，如若同步论文撰写，要是发表更利于“中间成就值”的产生。

全方位的终身学习方式是时代的主旋律。联合国教科文组织在《反思教育：向“全球共同利益”的理念转变》的报告中指出，面临当前的社会挑战，学习方式需要改变，要重新定义学习的概念。学习可以理解为获得信息、认识、技能、价值观和态度。学习既是过程，也是这个过程的结果；学习既是手段，也是目的；既是个人行为，也是集体努力。学习是由环境决定的多方面的现实存在。

教且研，通过学做课题提升自我专业素养，犹如登高望远，千辛万苦之后才会有一览众山小的感觉。为此，建议做到三点。一是学思结合。人若不学习，就如在狭谷里走路，只能越走越窄。不学习就会陷入空想，不会真正的思考，但没有思考的学习，不可能提升自己的思想境界。子曰：“学而不思则罔，思而不学则殆。”只学习不加思考就会惘然无所得，只思考而无知识做基础就会出现偏差。学习是为寻找真正属于自己的思考与创造。二是学以致用。“学而悟，悟而行，行必高远。”学是行的手段，行是学的目的；行依赖学，学后悟而行，则得其渊源，得其要领。直至彻底清楚明白，达到“知明”“知明而行无过矣”。学以致用,就是要着眼于解决改革发展稳定中的实际问题，把学习的体会和成果转化为谋划工作的思路，促进工作的措施。三是通过“忘、回、跳”等策略走出困境。忘，即暂时封存相关材料，暂时忘掉材料的种种观点和思想，腾出空间，独立思考，避免自己的头脑成为人家的“跑马场”。回，即回到教育教学的现实中去，再去做观察调查工作，搜集更多的第一手资料。跳，即改变思维角度、分析策略，从其他学科或领域用其他方法，换个角度对这些问题进行思考。

一个人做课题研究，更多的时间是将学习与实践充分的结合。如若真正能静下心来去从书本中找到理论的支撑，就能从具体的课堂教学中找到解决问题的办法，深信在成长的道路上，任何困难都无法阻挠前进的步伐。或许坚持三至十年，成就卓越，成为名师，便有了可能。

二、走出因为普通而带来的困局

做课题研究，是普通教师自下而上的发展方式，践行中的表态与诉求存在着两面性，就像硬币的两个面一样共同维护着应有的价值：满足生存的第一性，利于专业化发展第二性（无限可能性）的表达；推进发展的无限可能性，利于生存第一性的诉求。实现两者辩证统一，才可真正地解决基于课题研究中的一系列矛盾。

新一轮课程改革，这种自上而下的国家层面的表达方式，本身充满着无限的主观意愿，被广大一线教育工作者“接收”至“接受”。开展课题研究，唯有将人性（生存第一性）的表态——能将源于国家层面的权威性，变作每一位教育人“我，我的”理性思维和具体行动，才会产生新的效果。很明显，课题研究作为一种发展憧憬，存在的无限可能性，这属于发展第二性的范畴，只有真正落实到对生存第一性的满足，才可能称作真正落地。

作为普通教师，搞教育研究之易与不易，不需要再去多做论断，但因为一线教师与学者专从事教育科学研究之间的距离，自下而上的传递方式被压制，差不多是既定事实。在具体的教育改革的践行中，必须将自上而下的传递方式更改成自下而上的落地方式，通过满足教育者和受教育者提升生存价值，让作为“人的培养目的”变成现实。为了让人们在做课题研究时精神独立、学术独立、思想独立，能借力提高自我的素养，少走笔者当年的弯路，在这一小节将交流两个心得。

1. 名师离我们不远

探究教育，成就卓越，立鸿鹄之志，做教育名师，是很多年轻教师的理想。然而，面对残酷的现实，很多年轻人对自我缺乏自信，习惯于以仰望的姿态看待名师，与权威之间的那种高不可攀的体悟，甚至习惯于被名师俯视。这是专业化发展中的一块心病，前行路上的绊脚石。

年轻人没有自身专业化素养的提高，尽管其教育实践丰富，依旧不可称卓越。教师最关注的往往是怎样育人，忽视如何“育己”。人们通常会以“行行出状元”来激励学生，很少考虑何以成为卓越教师。天下名人都有一段做普通之人的经历；换言之，天下名师也有一段做普通之师的经历。习惯于妄自菲薄，不敢选择走成功之路，不敢自下而上地做课题成就卓越，实是集体性无发展意识的病态职场表现。

为师可以平凡，但不能甘于平庸；为师工作可以平常，但不能忘却立德树人的伟大责任。甘于平庸，终会陷入平庸所致的困局无法自拔，与作茧自缚没有两样。何为卓越？这里不专指向名师。孔子曰：“三人行，必有我师焉。”放眼望去，周围很多教师身上都有值得学习借鉴的长处和优点。只要对“我，我的”专业化发展有指点和引领的人，都是我们应亲近而学习的人。

人们必须明晰，在年复一年的更替中，与名师的距离主要在于是否促进专业化发展，不同之处在于是否开展课题（专题）研究，那种只增长年龄和教龄，而不增长教学智慧和教学艺术的践行，只能使自己与名师的距离越来越大。向名师学习，学名师那样去教书，像他们那样去研讨课题，像他们那样去探究教育，而不再单打独斗、闭门造车，这是当下众年轻教师值得沉思与抉择的事。

名师之概念是相对的，名师之间专业化素养本身就存在着差异——锁定的研究领域不同。名师素养应高于普通教师，往往具有四个共同特征：一是博学，知识渊博，肯在课堂之外多花工夫；二是专业，学科素养深厚，从理论到实践，都是学科内的专家或者准专家；三是多艺，往往在很多方面能力强，吹拉弹唱、琴棋书画必有精通的，学生为之折服，也会为他们骄傲；四是有个性，教学拥有独特风格，其教学设计独具匠心。

作为普通教师，物化效果的追求，是开展课题质性研究与量化研究的综合产品，是教师教育目的性的回归，最大的优点在于能满足自我的专项培养，同时激发人的主观能动性。向身边的人学习，像名师那样去研究教育，使自我的专业化发展具有无限生命力，获得各个方面的支持与引领无不重要。比如，在课题的开题阶段，有专家的指点就会少走弯路；在做课题的过程中，常与教研员、科研专家沟通，物化的课题研究成果才更易生成。

实践证明，课题研究如果离开专业引领和专业支持，就像“萝卜烧萝卜，结果还是萝卜”，专业化难以得到提升，甚至研究因此而停滞不前。我们更应明白，对教育教学有研究、有造诣的专职人员，其科学理论、先进经验和研究素养，不但是我们自下而上开展课题研究的助推剂，还是促进专业化快速提升可借鉴的重要资源。

在开展课题研究的过程中，主动向他们靠近，才是明智之举。有名师相伴，与名师对话，向名师请教，可以让我们少走弯路，缩短探索周期，节省时间，还可以让我们领悟到教育研究的本质，进入许多未知领域去获得新的认知，从而有利于我们开展研究工作。名师是教育教学的拓荒者，他们前行中的思想、研究时的思维方式、收获时的理念是我们应该为我们所用的利器，是我们成长中的催化剂。我们学习名师，更要从精神层面上领会内在实质。最重要的是学习名师的态度，像名师一样，有一颗仁爱之心，把这种爱心贯穿在工作中，始终如一地坚持着。

普通教师开展课题专项研究，提升自我的捷径很多，比如参照名师专题教学录像资料习得。在这“互联网 +”的时代，随着信息交流的日益便捷，亲近名师的渠道更多。只要人们摆正心态，放低姿态，就能找到利于专业化提升的资源，学到更多的东西，获得更多给予后续发展的“中间成就值”。

在追逐专业化发展的践行中，若能在怀疑、批判中学习，为己所用，就能快速成长。我们不能不加判断与取舍，一味地搬用或抄袭名师的方式方法，那样只会让自己陷入邯郸学步、东施效颦的尴尬之中。当下，需要走出模仿产生的定式思维，思考他人成功背后的理念，在专题研究中不断发现问题，积淀和形成自我的主张，方能促进教育智慧生成。

青年教师应谨记：名师之名，在于某一点有他人所不及。只要努力，我们依旧可以拿出天下人所不及的，从而形成自我的专长。

2. 找机会与名师同台

有人曾经这样说，与什么人接触，几年后就可能成为什么样的人。还有人说，中小学教师退休时，仿佛中小学生的水平。打破自上而下的学术封锁，从学做课题开始，与名师同台竞技，向卓越者靠近，潜移默化，成就卓越，少走弯路才有可能。

与名师为伍，自会赢得高起点。起点站得有高度，成功的概率更大。涉及教师专业成长渠道非常宽广，甚至都可以专题的形式跟进以探索。倡导寻找与名师同台的机会，源于发现通过公开课获得名师的经验，在于他们总是不断地寻找与名师同台上课的机会，勇于接受名师的指点，方才越战越勇。

下棋要找高手，输赢都不重要，重要的是向对方学习。看书就要看好书，最好是看名著；学习上好课，一开始就从学名师的课开始；做课题，需要寻找理论的支撑，更是倡导借鉴最前沿的。

在现实生活中，环境对人的成长起着重要的作用。有句话说得好：“你是谁并不重要，重要的是你和谁在一起。”正所谓：“画眉麻雀不同嗓，金鸡乌鸦不同窝。”如果你希望自己像雄鹰一样翱翔天空，那你就要和群鹰一起飞翔，而不要与燕雀为伍。其实，一切源于潜移默化的力量，耳濡目染的作用！

青年教师应谨记：在专业化发展的路上，没有课题，自发地设定课题，若有名师作为后盾，定会助力成功。

链接 3-6

走近名师方法多

走近名师方法多，我相信这样的话。

平时，我习惯于借助博客这一平台，走近名师切磋技艺。我在那儿积极发言，主动向名师靠近，以教科研为话题，以求获得名师的指导。久而久之，我已养成了“小事做实、细节做精”的习惯。一路走来，不知不觉中，我便留下一串成长的足迹。

很多夜晚，我习惯于徜徉于各大教育论坛，与名师一块交流心得。比如“班主任论坛”“成长论坛”“教书育人论坛”等，至此通过网络结识了一批教育科研专家。他们的思路和点拨，常让我开窍。长年累月，我还把那些评论汇集，最后成了我的工作指南。

如今，我依然如此坚守，一直向前。

读好书，交高人，乃人生两大幸事。比如，与名师同台，益处多多。向名师请教，能得到名师及时有效的指导和点拨；同台参与活动，能够得到名师的鼓励和帮助；参与专题研讨，能够得到名师由衷的赞许。名师的鼓励是成功的催化剂。走近名师，方法非常多，关键在于我们有需求、有行动。

目前，许多地区和学校纷纷创建“名师工作室”，工作开展得有声有色，名师队伍不断壮大。在名师的指导和组织下，成员们定期开展研究课、对比课、汇报课、课例反思发布会等活动，参与科学、规范的教学流程设计，形成“工作中研究、研究中工作”的氛围，很多年轻人在短时间内专业化素养发展迅猛。需要指出的是，能否被“名师工作室”接纳，除了要有敢于“表白”的行动，更在于具有积极向上的决心。

名师、名师工作室都是非常珍贵的资源，有志者方才可得。至此，笔者结合自身经历，提出三个方面的建议。

一是向名师学习，互结对子。这是一个倾向性很强、效果比较显著的措施。例如，给缺乏教学经验与理论水平的年轻教师配备指导教师，并签订师徒协议。在此过程中，关键在于我们主动靠近名师，否则只能是走过场。

二是主动帮名师做事，甘当助手。一位教师朋友在参加工作的第二年就参与学校的关于心理学方面的一项课题研究成果的推广工作，从中不仅了解到相关的心理学专业知识，更重要的是学会了研究的方法、思路等，他的科研能力慢慢地得到提高。经过几年摸索，他探索名师的成功之道，即对促进名师成功的元知识和元策略的领悟。

三是主动做名师的陪练。自愿当名师的陪练，更易促进专业化发展。与名师同台竞技，学最好的别人，做最好的自己，不为输赢而交流，关键在于善于发现别人的优点，并把它转化为自己的长处。与名师一起搞研究，即使自己暂时没有成果，也是一种锻炼。

青年教师应谨记：跟名师在一起，会有助于自己的成长。

第三节　物化成果，努力给自己超越的机会

存在有三种含义：一是存在的本身；二是存在的意义；三是对个体存在意义的追求。

——维克多·弗兰克尔《活出生命的意义》

平庸之人，最易满足。在做课题研究的过程中，如果一位教师缺乏理性，往往容易从生成的物化产品中得到满足，从而变得不求上进。学会从做课题研究中找到超越的机会，将做课题研究的过程打造成实现专业成长的平台，借此起步、腾飞，本身就是一个课题。在本节，我们将再次建立新思维，期许能全面地、正确地认识课题，带领大家能跳出课题看课题。

课题研究，问题多维。前面谈到最现实的问题，是通过课题研究发表几篇小论文，获得参与某次学术交流的机会，甚至是为评称职获得一些奖项，相对于专业化发展这些微不足道。边际价值重要，如果只给设定现实目标，没有远大目标，定然与做课题研究产生大作为背离。人们更应该明白，努力给予自我物化成果，全然给予自己争取超越的机会。

目标决定收获，再往前走一步，才会看到更加美妙的风景。至此，我们主要围绕做课题研究时的一些拐点展开论述，引导抵挡眼下的诱惑，继续向前，给予自我超越的机会。

一、不能想着离开讲台

征服自己的人，才是最伟大的人。从对课堂教学的挚爱，转移到努力提升自我专业素养，为此而去做课题研究，这实质上是追求上进

的体现。谈及教师职业，谈及做课题研究，建议天下为师者做老实人，才能真心实意对待探究教育，因教育生爱。

做教师与做人一样，都需要体悟人生，悟透成功真谛。如果不能悟透人生，一生不免会处于困顿之中。只有真心挚爱课堂，真心做课题研究，教师才能拥有快乐的人生。

1. 永远的围城之感

围城之感，是一个职场怪圈。很多人一辈子都没有走出这一怪圈，一辈子没有从职业中找到快乐。教师要想在一定范围、领域里有成绩和名望，或许需要天分，需要后天环境等各种因素的配合，但更需要通过自身坚持不懈地努力奋斗。大家应该明白，任何职业、任何事情，时间久了都会产生围城之感，真心实意守护职业，才会有冰山被融化的机会。

成功，需要坚强的精神品质相伴，需要坚忍不拔毅力相伴。哪怕是“笨鸟”，也能“先飞”。不少年轻人的致命弱点，恰恰是不想飞、不肯飞，躲在事业体制大伞里，怕外面风雨，怕路途坎坷，怕黑夜漫长，怕身心疲惫，怕失败，怕出丑，怕这怕那，怕到最后，人生最终只能被淹没在“怕”的海洋里。

站在人生的拐点，“这个事我做不了……”还没有做，怎么知道不行呢？知道自己不行，那就更应珍惜锻炼机会，使自己“行”起来啊。一个人最重要的是勇气，失去勇气也就失去一切。一个人不能只做自己经验范围以内的事情，要习惯去做带有挑战性的事情，不然永远不会有提升。

认真讲课，认真做课题，人生才会赢得成功。热心做课题研究的人，必是热爱教育之人。能在做课题研究中找到幸福的人，不惧怕投入大量的精力，牺牲了自己的休息时间，夜以继日，废寝忘食。跳出围城之感的教师，所得之乐才会用行动证明已站上新高度，看到教育新美景。

跳出课题，研究课题人生。教师的专业发展是慢功夫，需要的是持久的关注、耐心的等待，需要的是潜移默化，立竿见影往往有害，多带负面的影响，专业化发展需要持久用心实践，才可能产生量变，逐渐引起走向卓越的质变。

深入课堂，深入教育教学内核，这样的课题实证研究才不会停留在文献研究层面上，才会取得实际意义。对应的一系列教研工作，除了需要付出汗水和智慧，同样需要理性。在此，想再次探讨教师如何边教学边教研，并给自己力量。

现实是，一些教师搞课题研究急功近利，热衷炒作。我们经常听到课题开题的消息，有领导、专家亲临光顾，却发现研究的过程中问题很多。比如，课题研究缺乏深度，今天立项，明天就结题；实现报告行文规范，缺乏有价值的观点佐证；津津乐道多少课题、多高学术级别；更离谱的是，一节课就可以归纳出一种模式……有哗众取宠之意，无实事求是之心，只会应验那句“开题激动，中间不动，结题盲动，两头紧中间松”。轰轰烈烈的课题研究，全然一次教育运动，最终结果显示，并没有对专业化提升产生太大的推动作用。

让自己通过专业化提升变得强大，只有通过边教边研，让自我先沉下去，才会自己给自己力量。调查中发现，真正抓住课题研究并得以提升的人依旧不多。人们在研究中普遍缺乏批判精神，只有真正去做教育，敢于探究教育中的问题，才会找到应对之策。

开展课题研究，需要具有深度思考的本领。有了深思才会发现症结，才会有改革、有调整、有实践、有反馈、有总结、有提升，才会有新的行动和方向。使自己超越日常教学生活经验图式下的惯性思维，使自己的习惯性行为服从于批判性的、反思性的分析，这是开展课题研究时的考究。

开展课题研究，在边教边研中形成细节处理的能力依然重要。在整个过程中，需要自觉反思，需要在不断地自我追问中，以批判的眼光全方位地审视自己的态度、情感、价值观，审视自己的教研行为过程，发现自己教学的不足和困惑，对积累的经验进行反思。整个过程需要客观公正地认识自我、改造自我，是实践内化为意识的过程，也是充分彰显自我的过程。

开展课题研究，解决教育教学中的实际问题才会产生真价值，从而激发研究自觉。比如，改进自己的教育行为，改变自己的行为方式，提升教学境界，研究课结束后不能不了了之，而是及时反馈课堂教学行为，总结经验，捕捉问题，反思问题。教且研然后知困，“困”才会寻求突破，突破才能超越自我。在整个研究的过程中，围绕真问题，总结经验、捕捉问题、反思问题，方才真正对专业化提升产生促进作用。

开展课题研究，对应的是苦差事，没有敢于吃苦的精神是不行的。如若没有反思教学的习惯，定然不会在教学之余多钻研；更不会去正视自身不足，自我诘难。我们应该明白那些锤炼、升华的过程，才是达成专业化提升的必经之路。

德国哲学家雅斯贝尔斯提出，教育是灵魂的回头，是顿悟的艺术。做课题研究，真正目的就在于此，教且研应成为教师每天的“功课”，我们才可能日日新，而非劳碌相伴虚空，虚空相伴职场疲乏。

青年教师应谨记：只有让边教边研成为习惯，才会达到自律的效果。

2. 远离轻视自己雄心壮志的人

在一项课题研究中，可能主研六七人，然而真正进入研究的太少，这是为何呢？原因在于课题研究不能照着常规的干，必须敢于尝试，过错和失误难免，被奚落也是常有的事，很多教师不能坚持下来。

一心向上发展的人，远离偏见，远离轻视自我的人，才敢于真正行动起来，敢于探究教育。正如马克·吐温所说：“尽量远离轻视自己雄心壮志的人。挫他人的志气是小人一贯的伎俩；相反地，真正伟大的人则会令你感觉自己的不平凡。”

我们永远都不可能生存在独立的职业环境之中。世俗的偏见，自我的渺小，丑小鸭的故事上演，并不只是传说。做课题研究的教师，多是有独立行为与主张的人，并且是有远大志向的人。但必须清醒地认识到，在相对弱小的时候，环境给设定的困局往往就像大山一样，让人因足不出户，变得消沉与颓废。特别是在力量相对弱小的时候，我们必须坚持一个观点，那就是远离轻视自己雄心壮志的人。

现代社会，人与人之间的协作越来越密切。专业分工细化，几乎没有一件工作是不需要别人帮忙而独立完成的。大多数人只是在做着某个环节而已。一叶孤舟，难以远航。教师要发展事业，离不开同事的协助，赢得同事的合作非常重要。一个人的好能力更需要好人缘，这是世界成功人士的共识。做课题研究，也是如此。

我们每天有八个小时与同事在一起，可以说，与同事的共处，既影响你的工作，也影响到情绪、心态以及日常生活。选对自己的同事，他会成为我们的合作伙伴。当你真心拜师后，师傅更会将自己所学传授给你，同时他也会因为找到支撑而不遗余力地保护新手。

很多年轻人，也许原本满腔热情，由于受到周围负面因素的影响，加上自己的意志不够坚定，使自己丧失前进的动力，如若缺乏勇气，同时缺少智慧，不用说搞好课题研究，就是将自己的课堂把握住，也是一件艰难的事。

链接 3-7

傻子的行为

成为一名教师，“我”便有了“傻子”的称号。

记得刚毕业的时候，每一次写的教案都是详案，每节课都提前一周备完，不仅备教法、备学法，并且提前做完一章的练习题。但是这种认真却被周围的人当成“傻子的行为”，有人说：“光会做表面文章，没用。”面对不理解，我也茫然过，难道投机取巧才好吗？但是，通过观察我发现，有很多工作二十年以上的老教师也在认真地备课；挖苦的人往往是急功近利的那群人，他们由于没有上进心，再加上只追逐利益而不愿付出，只好靠打击别人来求得安慰。多么可笑的行为啊！

试想一下，一个认真做事，以课题研究求专业化发展的人，忠于教育科学，固守为人上进的本性，却因为种种原因遇到坎坷，暂时被人嘲讽；一个只是擅长于投机取巧的人，从不踏实做事，两相比较，天长日久又会是怎样的一个结局呢？

一个年轻人，在专业化发展的初期，相对而言处处会显得弱小。此刻，最需要的是理智，应学会辩证地看问题。也许少许给我们迎头痛击的人，不一定怀有恶意，相反出于鞭策激励的善意，对这样的人我们当然必须包容，并需接纳。对于别有用心的人，最好的办法是选择远离他们，否则他们会在不知不觉中偷走我们的梦想，使我们渐渐颓废，变得平庸。

研究表明，积极的暗示会对人的情绪和生理状态产生良好的影响，激发人的内在潜能，使人进取，催人奋进。反之，郁闷的情绪就像传染病，产生蝴蝶效应。做课题其实也是一门人学，其间懂得拒绝，学会拒绝消极，才会真有所为。为维护自己的人脉，为提升自己在同事中的口碑，为让自己在工作上少一些阻碍，有时我们得学会辨别，学会远离，需要分辨什么是自己应该做的，应拒绝那些对自己不利的干扰，这才是我们应具备的处事态度！

做课题研究，边教边研应以教育大局为重，多补台少拆台。同事之间，尤其是同一课题组的成员之间，大家由于工作关系而走在一起，就要有集体意识，凡事以大局为重，形成利益共同体。特别是在与外单位人接触时，要有团队意识，不要为自身小利而损害集体大利。

在课题研究的中后期，求同存异更易获得发展。当课题研究进入一个阶段后，我们在对待分歧时，更应求大同存小异。同事之间由于经历、立场等方面的差异，对同一个教育问题往往会产生不同的看法，引起一些争论，一不小心就容易伤和气。因此，与同事有意见分歧时，要冷静处理。面对新问题，特别是在发生分歧时要努力寻找共同点，争取求大同存小异。

一个人走得快，一群人走得远。我们在专业化发展的路上，远离轻视自己雄心壮志的人，但同时需要同伴互助。俗话说：三个臭皮匠，顶个诸葛亮。和睦的工作环境，同事间亲和融洽，上下一心，更能促成专业化发展。

青年教师应谨记：与有雄心的人为伍，方才会树立起自己的雄心。

二、追求共同利益

搞课题研究，走出课题研究的困局，有一点必须指明和点醒，课题研究涉及专业化发展，谁也不可能替代他人，然而涉及课题成果，就不能独享，只有追求与他人享有共同利益，才可能让课题研究起来更顺，才可能让自我的专业化发展之路走得更稳，才可能让自我专业化发展的环境打造得更符合生存的需要。

人不能独立于环境生存。作为普通的教师，我们想要获得发展的舞台，很多时候是学校提供的；我们想要获得成长的空间，很多机会其实是校长给予的。如若一位教师想要获得大发展，追求专业化发展之路，在确立课题及对应成果时定然不能自私与独享，否则只能是自断前程。

此刻，因倡导搞课题研究，所谈共同利益的追求，必然包括诸多处事原则。有人曾说，一个人如果擅长于借助他人智慧，助力自我成长，那才是智慧者的行为。为了自我专业化的发展，为了课题研究的顺利推进，追求共同利益，其实何乐而不为呢？比如，在课题研究的过程中，校长作为课题的主持者，可能就比自己承担更有推进的动力。

1. 身处一线勇争第一

在一所学校，对于成绩的评定，我们必须清醒地认识一种规则，那便是一所学校的所有成绩，差不多都可归结到一个人身上，那就是校长。还可以这样说，学校中教师的教学出问题，最终承担责任的是校长。这是一种怪现象，学校教师取得成绩时，绝不会想到与校长给予的宽松环境有关；可是当出现问题时，总会将原因归结到校长身上。这种不正常的现象，往往会影响教师的发展。

上海教育科学研究院顾泠沅曾说："名师的产生是追求卓越的结果。"事实证明，教师用成绩给学校带来荣誉，同时也获得更多的发展机会。追求共同利益的教师是智者，通过努力为学校担责，这样的教师会有很好的发展。一句话，人们只有通过努力，为自己的人生争气，为自己所在学校争气，更为校长争气，当我们拥有骄人的业绩时，才会得到学校的认可，我们才可能获得更加宽广的生存与发展的空间。同时，我们还应该认识到，取得好的成就方才得到发展资源。

在专业化发展的路上，教师应有不断进取的思想。做课题研究也需要教师有切实的科研成果。在一所学校也是这样，更多的发展机会，校长总想到那些拥有一流成就的人。当下很多课题都远离学校的需要，远离教师自身发展的需要，效果不理想或走过场，当然会被学校否定、被校长拒绝，实际上也非常正常。

链接 3-8

回归自然

魏光虹，昆明十中的教师，语文特级教师，全国先进工作者。

作为教育教学改革研究的领头羊，魏光虹始终站在教学改革第一线，坚持大语文思想。她曾用十年时间进行了"积极的心理暗示在语文教学中的作用"的实验，注重心理调适在教学中的积极作用，倡导参与性教学方法和"回归自然"的表达训练。通过不断地实践与改革，魏老师在语文教学中形成了自己独特的风格。随着课程改革的深入，她将国外的参与性教学引入语文教学中，将元认知理论运用于作文教学及训练中。

魏老师很欣赏军人说的一句话：“在战场上，第二名就是死人。”她也调侃自己说：“有了我，别人只能勇争第二。这话听起来有点狂，但是我的理想，是一直鞭策我前进的力量。”

不甘平庸，勇争第一，是一切杰出人物共有的品质，这种品质源于后天的培养。每个人都是一座未开掘的金矿，是金子总会发光的，因为成功在于勤奋。强者创造机会，智者把握机会，弱者等待机会，愚者失去机会。我们应当努力去挖掘自己的金矿。需要提醒的是，在物化成果时应该注重三大成果的转化。一是强化制度建设，能立足区域角度，制定保底规范的制度；能创新，因地制宜制定制度。二是注重培训手册或指南的编制。三是辅助教育行政部门出台对应的教育教学管理文件（文件也是成果）。

做课题是教育科学研究，要有严谨的学术态度，才会有成果。很多事情，在于我们想不想去做，心中有梦想，通过自身的努力，向着心中的目标前行，都能达到目的。做课题研究，只有创造性地执行，才会收获丰硕的成果。

甘于平庸的人，将永远平庸。要确定一个人能否有所作为，有两个条件：一是要看环境；一是要看个人的努力。在做课题的过程中，我们应激励自己做得更好。人的可贵精神之一就是积极进取，一种积极向上的心态十分重要。需要做一个有思想的实践者、行动者，主动挑战，不甘落后，不断地突破自我。瞄准第一，以第一为标杆，甚至争取做到第一名！人一定要有勇争第一的精神状态，才会不断进步，达到事业的高峰！唯有如此，才能在为学校带来价值的同时，给自己争取到更为丰富的发展资源，尤其是参与科研课题研究的资源。

开展课题研究时，个性化的研究课题与方式，更易生成新价值，有个性化价值的东西，更能解决问题。只是，我们应该以自我需求为出发点，用自己的方式去开展研究。个性化的，才具有特性，才是最有价值的。因为真正的课题研究，应该是基于教育实践，有实证后的思考，进行教育科研的有效学习，通过整理、消化、反思，内化为自己的教育行动，提升自己的教育品质。

做课题研究，促进内涵发展的成果表达独具特色，才可能真正做大做强。做课题，最重要的是收集资料的问题。如文献资料，政策、理论和前人的忠告等，一是要重视政策研究；二是调查性资料；三是行动资料（自变量），如新措施、新方法、路径等；自变量，前面措施变了，后面结果就会发生改变。

做课题研究，促进做研究型的教师，将自己的研究成果用恰当的方式表达出来，让研究为教师的教学生涯注入无限的生命活力。在做课题研究时，一定要注意三方面：一是能转化为学术理论，二是能转化为政策，三是产生实效，即参与课题研究的教师确实有教学实际能力的提高，课题组有发表的东西，对区域教育有建设性的意见。

迈克尔·富兰曾说："我们的研究，就是将教育理论与教育政策进行转化和再创造，从而实现落地生根。"把每一件简单的事做好，就是不简单；把每一件平凡的事做好，就是不平凡。做课题研究，从细节上突破，进行科学的细致的分析、研究、反思，形成自己的思想，并将研究的结果在实践中应用、实施，提高智慧及其养成，才能超越自我，使学生受益。

青年教师应谨记：与其羡慕他人获得发展机会，不如努力用自己的成绩去回报社会。

2. 不要自视清高而远离

所谓"清高"，辞海解释为"不慕荣利，洁身自好"，应该是含有褒扬之义的。屈原、陶潜等名士的清高，至今仍被世人所推崇和尊敬。"清高"这种独特的价值观和思想行为，在当今社会仍然延续下来。

倡导课题研究，要追求共同利益，且课题不全等于学术，还与做人相关。清高之品值得赞美，但自视清高则是令人厌恶的陋习。在社交中，有人因为别人与自己脾气不同，或是职务、地位高于人家，就显示出不耐烦或傲慢的姿态，更多表现出一种致命的自负。这关乎一个人的性格问题，也是做人的问题，不是工作态度，而是人生态度。

教师是教育科研的主力军。没有全体教师的积极参与，就不可能取得理想的科研成效。教师通过长期参与科研活动，学科专业不断成熟，教育专业素质方才得以不断提升，实现由"新手阶段"到"专家阶段"的不断成长。

然而，在某些学校，校长往往对教育科研并未表现出足够的热情，甚至对教育科研漠不关心。这里存在一些主客观因素。其中，比较重要的一条主观因素是，科研教师与校长之间的关系未能协调好。客观原因在于没有将课题做好，没有把人际关系把握好。做课题研究时，我们应明白，学校领导希望看到成果和经验，而不是问题。也许某些教师就因为某些行为的方式和方法存在不妥之处，导致给校长留下清高的印象。

课题研究是否能够顺利进行，与学校的支持关系很大。许多教师对课题研究热情不高，原因就在于课题立项容易结题难，因为结题会产生一定的费用，学校不支持，课题很难完成。笔者认为，任何一位校长都不是真的在乎经费问题，他所在乎的是教师的工作状态、工作成绩，在乎的是与其的交流和沟通。

常看到一线教师讨论"在教师岗位上如何与学校领导相处"的话题，有的还透露出对领导的不满，感觉学校领导忽视绝大部分教师，重用少部分教师。其实，根据笔者这些年的工作体会，要想让领导重视、重用自己，关键的还是自己工作扎实，能够做得好，凭自己干出的成绩来赢得领导的信任。

现今，在某些学校，对待教科研工作，校长不够重视，视之为可有可无，持漠然的态度，这极大地影响了教师开展科研工作的积极性，致使一些课题夭折；或是终而无获，无法推广，从而事倍功半。究其原因，常常与教师的课题介绍和与学校领导的沟通有关。有些教师未能做好课题宣传工作，他人不了解，学校领导不知情，因此学校以消极、麻木、冷漠的态度对待科研教师，对课题研究缺乏足够的关心和应有的支持，如此难有好的结果。

朱永新教授认为："校长对学校的领导首先是教育科研的领导，其次才是行政的领导。一个学校教育科研的成败、好坏，很大程度上取决于校长支持不支持、鼓励不鼓励、组织不组织、带头不带头。教育科研的投入是一个校长最有远见的投入，而轻视教育科研的校长显然是缺乏远见的校长。"朱教授说出了校长在教育科研中的重要，教师只有跟校长交代清楚自己教育科研的内容，才能有助于自己事业的发展。

教师应多与校长沟通。学校的管理工作较为烦琐，校长做的每一件事、做出的每一项决定都不可能绝对正确，更不可能让所有教师满意。当教师对校长的做法持有不同看法时，教师应及时与校长沟通，大胆阐述自己的看法。一般来说，校长基本上都拥有宽广的胸怀、理性的头脑，允许教师提一些不同意见。

同样，教师对校长的做法有了看法后，如果觉得当面表达不妥，也可以通过写信及纸条的方式交到校长手中或放进校长信箱内。当然，教师在给校长提意见前应慎重考虑。教师与校长沟通时应态度诚恳，将心比心。要知道，我们真诚的态度与所提的合理意见会感动校长，他会在认真思考后采用我们所提出的一些合理的意见或建议。

在开展课题研究的过程中，追求共同利益是尊重领导、相信领导的表现。要想让校长理解我们的观点，就得换位思考，尝试站在他的角度看问题。教科研工作，只是整个学校工作的一个组成部分。校长考虑的是学校的全局。站在这个角度，就比较容易和校长进行沟通。这样一来，做起研究来方能得到校长的支持，发展之路才会宽广一些。

在开展课题研究的过程中，我们应努力工作，做出成绩，才可能真正得到学校的大力支持，我们都应明白"有为才有位"。教师要想争取领导支持，就要努力工作并做出一定成绩来。在工作中，事事要认真，并且融入自己的创造性，别人做不到的，我们全力做到；别人做到的，我们做得更好，校长又有什么理由不支持我们呢？自然，发展的路上也会因为校长的支持而多姿多彩。

做课题研究，和领导沟通是一门艺术。与学校领导建立和谐的关系，有助于我们的事业发展得更顺畅，有助于我们登上更高的舞台。在开展课题研究的过程中，建议人们能主动汇报研究过程和结果，积极听取学校领导的建议。要获得领导支持，就要让领导了解情况，包括现实问题和对策建议。对领导一时没能给予支持的事情，要有耐心，等待时机再去争取，而不要立即表示不满，背后随便议论，或者发牢骚、说怪话，这样容易造成误会，影响上下级的关系和团结，争取领导支持也就更困难了。

青年教师应谨记：教师的发展机会，更多是学校（校长）给予的；构建学校与个体共同利益体，是获得发展机会的基础。

第四章

利他，才会拥有牢固的职场人脉

世界共享相似的价值观，利益重要的不是放在分配上，而是放在增加上。往往一些新一届的霸主，更多的是前一任霸主的合作者。

——亨利·阿尔弗雷德·基辛格《世界的秩序》

生活与生存的不易，在于人不能独立存在于社会丛林之中，是现实的人，是社会人。相对于其他职业，教师的工作对象是有思想、有个性的正在成长中的人，工作之余却要面对整个社会。生存和生活角色的转换，面对社会的需求，不免让很多人犯难。但就教师职场人脉关系而言，生存于封闭状态的工作环境，人脉不发达，限制个人发展可谓是心照不宣的事实。

置身教育行业，不只是为了工作，也要生存，还有属于自我发展的可能性。在此,笔者倡导理性地认识职场的人脉困局,有行动与互动，有行为与作为，才不至于长期困顿。

一

成就卓越，专业化发展需要良好的生存环境保障，只把教师职业看成孤立的、自我生存的手段，注定只能把自我带进困境。区别一个人成功与否，人脉总能从一个侧面反映出来。人脉是一个不断发展的网络，事业成功的人具有更庞大和更有力量的人脉网络。一位普通教师期许卓越也是如此，专业化发展需要人脉支撑。

专业是利刃，人脉是秘密武器，如果只有专业化发展，没有人脉，个人竞争力只能是一分耕耘，一分收获；但若专业化发展，加上强大的人脉，个人竞争力将如虎添翼。

二

对教师来说，人脉意味着什么？利他，才会拥有牢固的职场人脉。

人脉是事业发展的情报站。教师事业无限发展的平台，信息来自教师的情报站，情报站就是教师的人脉网，人脉有多广，情报就有多广。

人脉是事业发展的助推器。拥有良好的人脉关系，在关键时刻或危难之际，才会有人拉一把，直接进入成功的序列，大大缩短成功的时间，提升成功的速度。

人脉是一股鲜活的水。人脉就像流动的水，是不断变化的。不能固守于熟悉的人群，应不断丰富人际关系，寻找影响自己专业化发展中的“重要他人”。

成就卓越的过程，往往会是由弱小走向强大、由窄化变宽泛的过程。建立起自己强大的教育人脉帝国，才会成就卓越的教师。

第一节　职场额外收益，取决于人生成本调整

学者之所以可能，就在于倾听伟大思想家们的对话，并对他们的差异保持敏感。与过去的伟大思想家相比，我至少还有一样优势。亚里士多德和霍布斯过去都是伟大的思想家，但他们如今早已不在人世。你们像我一样，也具有这种优势，那就是“我还活着”。

——［美］史蒂芬·B. 斯密斯

额外收益是经济学中一个的概念，涉足职场但若想获得更多的额外收益，人们只有不断调整自我的价值取向，并非全在于做了多少事，更在于努力提高创新力，提升自我被认定的社会价值。

一个人的能量是无穷的。真正能吓倒、压倒、折磨我们的不是困难与困境，而是我们的退缩和自我封闭，是我们自己不能正确认识自我的价值。正如世间的路有千万条，我们要努力开拓出一条属于自己的路。事实证明，很多教师对自我价值认识不足，缺乏开发自我人脉的信心。

困难随时都可能把人吓倒、压倒，困境随时都可能消磨人的意志。人向前每走一步的艰难，更多时候是受到人为因素的困扰。正确认知自我，是打开人脉通道的基础建设。只要是人为的因素，只要尽心与努力就能解困，就有能力去满足自我生存与发展的一切要求，完全实现专业化发展的一切可能。

一、工作不是全部

一个人应该以怎样的态度去面对他的生存环境呢？工作、学习和生活，本来任何人每天都应该去面对的事，但却有太多人的行为与态

度含混。要么只记得工作，将工作等同于“我，我的”全部；要么只记得生活，整天都在为生活而劳碌，将生活变成“我，我的”全部。这些都属于病态的应对状态，是心智迷乱的体现。

作为现代社会人，应该明白你的时间在哪里，你的成就就在哪里。当一个人投入100%的精力去工作，投入100%的精力去学习，投入100%的精力去生活，内心就不再空虚，日子充实而有味道，还会再去说入错行吗？至此，谈人脉必先谈决定成就大小的原因，才可能找到症结的所在。

1. 一棵树的价值

一位教师的价值有多大？我们不妨先来看看一棵树的价值。印度加尔各答农业大学的一位教授对一棵树算了两笔不同的账。他认为，一棵正常生长50年的树，按照通常习惯的木材价格算，最多值三百多美元。但是如果按照这棵树的综合价值计算，就远远不止这些了。据粗略计算，这棵生长50年的树每年可以生产出价值31250美元的氧气和价值2500美元的蛋白质。同时，可以防止大气污染（价值62500美元）、涵养水源、促进水分再循环（价值37500美元），防止土壤侵蚀，增加土壤肥力（价值31250美元），还可以为鸟类及其他动物提供栖息环境（价值31250美元），将这些综合价值计算在一起，那么，这棵树的价值就是20万美元。

为师有多大价值？衡量一个人的价值，不是审查生产多少产品，而是看他产生多少价值。杰出人士与平庸之辈的根本差别并不是天赋、机遇，而在于有无价值的目标认定。一棵树的价值折射出一个人的价值，关键在开发，关键在认可，关键在发现，关键在目标的敲定后的追逐。

以取得回报论人生价值，是最糟糕的价值评定法则，一个人除了显性价值，还可以创造更多的隐性价值，关键在于视角的确立。专业化水平发展创造价值的内驱动力，但也应看到除内因与自我努力有关，更在于外因与专业化水平相关联的职场环境中的人相关联，甚至与人脉关系成正比例，在于与一个人在专业化发展的过程中选定的目标有关。

有人说，业余时间花在哪，成就就在哪里！笔者曾算过一笔时间账，为师者差不多一半的时间没工作。试问那么多闲暇时间，我们做什么去了？

如若依旧因不学无术被人瞧不起，因缺乏社会认定价值缺少人脉，人们更应该内省，调整自我的行动。特莱斯说："人生最困难的事情是认识自己。"很多人对自我价值认定和开发不足,存在职场"囚徒心理"，要紧的是除了延缓满足现实意义，控制冲动，适当延缓满足以产生更大的满足，才可能真为全面提升自我价值留足开发的时间。

链接 4-1

珍珠和沙粒

有一个自认为有才华的年轻人，毕业以后屡次碰壁，一直找不到理想的工作。他怀才不遇,认为没有遇到伯乐来赏识他这匹"千里马"。于是，他对社会感到非常失望，伤心而绝望之下来到大海边，打算就此结束自己的生命。

一位好心的渔夫正好路经此地,从大海中救起了他。渔夫问他："你为什么要走绝路呢？"他告诉渔夫："自己得不到他人和社会的承认，没有人欣赏和重用我，活着没有什么意思。"渔夫听了微微一笑，弯下腰，随手从脚下的沙滩上捡起一粒沙子，让年轻人看了看，然后就随便地扔在了地上，对年轻人说："请你把我刚才扔在地上的那粒沙子捡起来。"

"这根本不可能！"年轻人说。渔夫没有说话，从自己的口袋里又掏出一颗晶莹剔透的珍珠，也是随便地扔在了地上，然后对年轻人说："你能不能把这颗珍珠捡起来呢？"

“当然可以！”

“你知道什么原因吗？”

年轻人沉默不语。

“我来告诉你吧。之所以能很快捡起这颗珍珠，是因为它太与众不同了。”渔夫说，“你再想想自己，是一颗珍珠还是沙粒？如果你和普通人没有什么区别，你又怎么可以苛求别人把你当成是一颗珍珠呢？”年轻人蹙眉低首，脸红了起来。

准确地认定自我，呈现自我价值，认定未来的价值和方向，才有助于更好地提升自我的职场价值。教师职场中那种对职业的依赖和未被承认的地位（报酬与尊重），实为一个矛盾体，又一个二律背反。为师，完全可以扪心自问自己是珍珠还是沙粒。为师，应该如何看待自己的职业呢？教师职场中“二八现象”非常突出，正如有人指出：20% 的教师在做事业，80% 的教师在忙事情；20% 的教师在和学生“斗”智，80% 的教师在和学生斗力斗气；20% 的教师能控制自己的时间，80% 的教师被别人支配时间；20% 的教师执着于自己的成长目标，80% 的教师总在毫无目标地忙碌；20% 的教师放眼长远做事有规划，80% 的教师只顾眼前穷于应付；20% 的教师会从经验教训中总结反思出规律，80% 的教师教一辈子最后只剩下劳累的身体；20% 的教师在简单的事情中自得其乐，80% 的教师整天被简单的事情纠缠而疲惫麻木；20% 的教师相信自己会走向优秀，80% 的教师只会发牢骚却不愿真正改变自己；20% 的教师会在自己喜欢的事情上坚持，80% 的教师会在怀疑中消极放弃；20% 的教师会把工作变成自己喜欢的事，80% 的教师会更喜欢工作之外的事。追溯为师的专业化价值，事实就是这样，一切都可归因于自我，把自己排定在 80% 以内。

有道是：“知人者智，自知者明。”每个教师就算成不了智者，也应该是个自我价值计划的明白人，对自己为社会创造的价值要有一个清醒的认识。为师只有认识自己的价值所在，才能真正悦纳自己的工作，全身心投入到工作中去，才会在工作中享受到职业的幸福感。

教师只要集中精力做好卓越教师这一件事，其他好事（利益、地位、名誉、家庭、爱情等）都将顺理成章。这可称作“教师人生第一规律”。为师价值的体现往往受到诸多因素的影响，其中教师的人脉不可忽视。涉足教师职场，如何运用人脉，更大效度地实现自己职业价值呢？

打造人脉，靠用心方可夯实基础。在好莱坞，流行一句话：“一个人能否成功，不在于你知道什么（what you know），而是在于你认识谁（who you know）。”“人脉是一个人通往财富、成功的门票。”这世界，谈及人脉没有施舍，更多的是一种对等的帮助。谈人脉，笔者迫切地提出人脉建构时自我价值对等的认定。对等的人脉关系，并不是沉甸甸的交易。价值的认定，除了眼前的，还有更长远的，往往潜力股更会被人看好。

打造人脉，需要慧眼。约翰·杜威曾言：“职业是唯一能够将个人的不同能力和他的社会服务平衡起来的事情，发现适合去做什么并争取机会去做是幸福的关键。”职业有没有价值，创造价值并认定，才可提升人脉层级促进幸福感产生。事实告诉我们，求索中不能缺乏慧眼，否则会严重地影响专业化发展，后患无穷，甚至降低职场幸福感，更会影响职场人脉圈的拓展，最终影响成就值。

青年教师应谨记：永远为目标努力的人，一定能获得自己的价值；而那些虚度时光的人，无论如何也实现不了自己的价值。

2. 走捷径少风景

人脉与专业化素养，对于一个人的成长都会产生举足轻重的作用，两者间只有辩证的认识，才会达到理想的效果。一个人不要过于依赖才华，才华不能久恃，才华可能让你达到一个高点，但绝不可能让你达到制高点。其实，这里已经告诉我们除专业化素养之外，还有人脉等因素对一个人走向卓越的影响。

人脉是专业化发展的催化剂，做一个高素养的教师，专业化发展是教师应有的追求，拥有广博的人脉也是有讲究的。依本人看，关键在于能不断寻找自己发展的途径，促进自己的专业发展。但现实是很多教师总在幻想而没有变成现实，这样的路径需要调整，否则只能称作空想。

《尚书·大禹谟》中说："无稽之言勿听，弗询之谋勿庸。"人脉需要自我强大的专业素养做后盾，才可能持久而有力。笔者反对将人脉神化，但也反对将人脉弱化。假如一个人行走在人生的路上，因噎废食的做法定然会少了风景，或者没有风景可看。

捷径本是近路，发展自我可以探新却无太多捷径可寻。也许大家都有这样的经历，如某一天，路过某一段路，突然闻见一股花香，来自何方？不免四处张望。原来是那些桂花树开花了，如期而至地开花了。人们每日路过此地，对这些树熟视无睹，待闻到花香时才惊喜，心中不免认定这是几棵不错的树。

为了开花，桂树经历了冬春夏的磨砺。也许我们教师也只有这样，才更能获得人缘的本钱。我们的人生什么时候最容易引起人们的注意？唯有自我的那朵花开放的时候。为师也一样，只有自己出彩的时候，才能引起更多人的关注。走捷径，定会避开一些原本可以让自己精彩的过程。

在追求自我发展的努力中，摆正心态而后方可谈人脉。人的生存与发展都需要人脉来促进自我生命的意义，促进自我专业化素养的发展。大多教师是有追求的人，但也有少数浮躁之人无理想、无价值体现，他们对"社会学""伦理学""人学"等方面的理解肤浅，更无践行经验。

更有甚者，极个别教师甚至是看着他人的平庸，而安慰着自己的平庸。人脉等同于价值交流与交换，有些人并不理解人脉的对等分层原则。社会分层的基本原理告诉我们，每一个人建构人脉都难以逃离社会现实的价值评判标准，对于没有直接参与社会生产的教师群体，不努力提升自我的专业素养，何谈人脉建构的理想化?

谈到发展，想到人脉，不走捷径才能欣赏到更多的风景。一些名师，在他们初入讲坛时也是普通教师。他们不习惯于用别人的成果为自己装饰门面，他们喜欢在广袤的教育原野重新开垦自己的一亩三分地。自然，苦心人天不负，就一定会出现像《陋室铭》中所描述那样景象:“谈笑有鸿儒，往来无白丁。可以调素琴，阅金经。无丝竹之乱耳，无案牍之劳形。”

一个人的人脉发展，关键在自身能量的大小，关键在自我不断发展并使其强大。人在闹市无人问，如若专业化发展到具有了不可替代性，哪怕深山，也会有无数的名师、名人和名士慕名取经。人脉的核心要义在于互相帮助，而不是单方面的渴求他人助力。也许平庸的人一生都没有如此的经历，也难享受到一次他人的帮助，其中之理就在于此。

罗马不是一天建成的，教育也不会在一朝一夕就能见成绩。捷径似乎是有的，只是在走捷径之前，得先问问自己:这样走，我得到了什么？我将失去什么?

一名优秀教师的成长，离不开良好的人际关系。名师也是如此。在名师成长的过程中，我们不难发现，总有两类人在引领或帮助他们成长。一类是中外教育家或者教育教学专家，如苏霍姆林斯基、杜威、陶行知、叶圣陶、李希贵、魏书生、朱永新、斯霞、李吉林等，他们的影响更多的是对名师思想上的启迪和引领。当遇到困惑需要破解时，他们总是从大师这里寻求答案。另一类是对自己的成长给予具体帮助和支持的人，比如校长、当地教研员等，名师无一例外地得到过校长的支持。

谈人脉，必须务本才行。离开务本，去追求人脉，更多时候，只不过是穿梭往返于人群之中，建立起了无数的虚情假意。在不断前行的路上，人们应先务本再谈人脉。为师构建人脉，做事才可能有捷径可以走；如若没有专业化发展，问题是很可能没走多远就已走到了尽头。这种尽头，自然少了自己奋斗的价值，少了自己专业的成长。从整体上看，人脉当然很重要。不过，针对教师个体来说，更重要的是他所拥有的时间资源与专业化资源，比如教师的才华与学识。

生活的智慧就在于集中精力改变那些能够改变的，而把那些不能改变的暂时忽略掉。为师要专心打造自己，把自己打造成一个优秀的人，一个有用的人，一个独立的人，这比什么都重要。“无欲速，无见小利，欲速则不达，见小利则大事不成。”凡事不能急功近利，成大事，大成功，耐得住寂寞，修炼身心，锻造灵魂，才能真正有收获。

一个人立足职场是一个过程，不是一个起点。很少有人单纯地“为走弯路”而走弯路，不抄近路的人有非常明确的目的，或是想锻炼身体，或是想欣赏风景。同伴互助，能摸索提速，但这些不能代替学习、思考、实践、反思。正如看上去路程很短，实际上是最艰难的，只有一步一个脚印，踏实地向前走，心才坦然。构建人脉的过程也是如此。

青年教师应谨记：在专业化发展的过程中，清醒地认识到自己的不足。

二、教师职业与人脉

论人脉，就像挖掘一根树的根系。但对于任何一位快乐的教师来说，他根本不会去思考人脉的问题，谈人脉的人更多的是因人脉不畅而提及，往往会触及根须，特别是刨根问底多会伤及人心难自拔。

一份职业怎能说贵贱？能从努力中收获，得到快乐、幸福和价值那才是最重要的。也许有人习惯性站在梦幻边缘，那根本无法救世，也无法宽慰自我。我们必须认识到成长是一个过程，一个由迷茫、混沌到澄澈、练达的过程；成长是一种姿态，一种昂扬、幸福、坚定的姿态；成长是一种能力，一种潜心耕耘、自我更新的能力。明晰地揭示和展现为师专业成长的过程，是一件困难的事情。然而，正因为这一过程能带给人一种持久的幸福和个人价值的达成，所以，我们不懈地追寻着成长的秘密，探索着如何去提高成长的能力。

1. 正确的态度

研讨人脉，必然思考如何获得发展资源，才是有意义的探讨。其实，对于有限资源的获得，需要智慧和行动，否则寸步难行。《论语·卫灵公》中有言："君子求诸己，小人求诸人。"《文子·上德》云："怨人不如自怨，求诸人不如求之己。"其实，人一辈子有两条路要走，一条是必须走的，一条是你想走的，你必须把必须走的路走漂亮，才可以走想走的路。

命运掌握在自己的手中。"怕官心理"是一些为师者的通病。有限的发展平台牵扯着教师成长的线绳，还系在有些领导的手中。如若教师依旧以惧怕或逃避等方式去处理，困难得不到解决，留给自己的只能是痛苦和遗憾。事实是，生命中最值得投资的是自己，给自己最佳的投资是学习。只要愿意表露诉求，真诚地争取资源，或许一些困难迎刃而解。

一些时候，人们会在前往争取的途中，寻找中介。其实，自己有困难，自己去解决，路更直接。哪怕资源真的有限，探求到真实原因，定然也能为其后续行动及早准备。

链接 4-2

奇遇

一天，某人遇到了难事，便去庙里求观音。

某人走进庙里，才发现观音的像前也有一个人在拜，那人长得和观音一模一样。某人问："你是观音吗？"那人答道："我正是观音。"某人又问："那你为何还拜自己？"观音笑道："我也遇到了难事，但我知道，求人不如求己。"

某人笑了，开心地离开了寺庙。

曾仕强曾说："人生只做三件事：知道此生为何而来，这是目标；知道如何完成，这是方法；知道如何做得更好，这是改善。三件事听起来简单，真正做起来并不那么容易，需要付出一生的时间和精力。"

一个人在弱小时，内驱动力扩张并非易事。世间几乎就是这样，本想逃离痛苦，结果更痛苦；本想求得支助，结果更无助；本想走一下捷径，结果无路可走。一切的一切，回过头来再审视，其实问题几乎还是出在自我身上。是的，想发展，求得他人的帮助，并不简单。

为师的困难，主要体现于生存的困难，体现于满足发展可能性所致的困难。拓展人脉，谋求外力，难免会遇到各种各样的困难。很多人遇到困难，往往想到求助于别人，却忘记自己。天上真有掉馅饼的事吗？

亨利·戴维·梭罗说："要想有一面牢不可破的盾牌，就要站立在自我之中。"在前行的路途中，自己努力给自己力量，努力地找到给自我成长的人脉源，但人们必须明白人脉对等交换法则。人们必须解除一个误区，不能习惯于把工作对象纳入人脉拓展的方向。解决困顿，打破职业的限制，能给予自己帮助的人往往并非"人脉圈"的力量，往往拓展开去更有效，关键在于目标明确，能主动出击。

这是一个高度契合的社会。没有谁愿意放弃与他人的合作，而让自己生存与发展的可能性受阻而苦恼不堪。就算是那些把控紧缺资源的人，他们同样期待与人合作，提高资源的效度。打破课堂的局限，打破学校的局限，能走出封闭区，有目的地建构致远的强大的人脉，是为师者不可回避的现实，否则难以走向卓越。

瞧不起自己，是作践自我；瞧不起职业，是变相作践自我。为师，作为自然人，绝对不能妄自菲薄。笔者见到少数教师瞧不起自己的职业，结果变得更被人瞧不起。

求人不损己，应是一个基本原则。困顿时向他人求助，一定不能有贬损自己的行为，首要在于相信只有自己才是解决困惑的第一人选。

学会一个人坚强地去面对人生中的暴风雨，自尊能自信，自立能自强。“自立者，天助之。”唯有把握自己的命运，挺起胸膛才能解决困顿，创造奇迹。

一个教师若缺乏学问，难以给人深刻印象。教师应不断进取，看到自身不足，若逃避现实，就会成为孤家寡人。这是为师者必须攻克的心病。记得笔者听一位朋友讲过其亲历的一件事。多年前她曾受邀作为主讲嘉宾出席一个全国性的校长高峰论坛。但她平日里足不出户，很少与他人交往，那次出行让她感觉非常尴尬，终生难忘，她认识到丰富阅历、开拓视野、善于沟通的重要性。

青年教师应谨记：职场被封闭，往往是因为自我与社会的脱轨。

2. 良好的技巧

教师的发展，一靠教育在社会中应有地位的确立，二靠理想和思想的确立。有人指出成功人士成功的原因中，专业知识占15%，而正确态度与良好技能为85%，且受访者认为，随着职位的提升，运用专业知识的比例也逐步减少，后者对于教师发展尤其重要。

有好人脉，才会有好发展；扩张人脉，好技巧，才会促成功。为师的生存与发展，人脉的作用与自我价值紧紧相关联。知识与能力的提升，以及积极向上、热忱且自信的态度，有助于人脉提升；通过提升影响力，实质上也有助于提升人脉。我们必须明白，提升人脉也是讲究技巧的，特别是人际沟通、领导力、克服忧郁等技能，无不影响着人脉建构。

建构人脉，需要积极的心态。有专家认为，许多人习惯于“独行侠”式的作风，或是存有“人脉虽然好用，但我还是不太敢用”的心理，造成人脉布建的阻力。他们常挂在嘴边的不外乎五种理由：一是我不想碰钉子；二是跟别人开口很丢脸；三是忙得没时间广布人脉；四是怕别人觉得我在利用他们；五是贸然跟别人开口很唐突。

人生就像是一块田地，你不去种花，它就会长草。人脉的精义是秉持不求回报的心来关怀他人。破除心魔，才会发现并建立人脉。俗话说得好：举头三尺有神明，抬头三尺有人脉。为师只要“抬头”，相信会逐渐建立起自己的人脉。

链接 4-3

盲人点灯

一个禅师走在漆黑的路上，行人之间磕磕碰碰，禅师也被行人撞了好几下。

禅师继续向前走，远远看见有人提着灯笼向他走过来。这时，旁边有个路人说道：“这个盲人真奇怪，明明看不见，却每天晚上打着灯笼！”

禅师也觉得非常奇怪，他便上前问道：“你真的是盲人吗？”

那个人说：“是的。”

禅师更迷惑了：“既然这样，你为什么还要打灯笼呢？”

盲人说：“我听别人说，每到晚上，人们都变成了和我一样的盲人，所以我就在晚上打着灯笼出来。”

禅师非常震动地感叹道：“原来你所做的一切都是为了别人！”

“不是，我为的是自己！”盲人说，“因为我的灯笼既为别人照了亮，也让别人看到了我，这样他们就不会因为看不见而撞到我了。”

人与人之间的距离，在于人们行为体现出的文化涵养。建构人脉成于文化涵养，败于文化涵养。盲人点灯照亮别人的同时，更照亮了自己。其实，我们构建人脉的精髓就在这里：帮助别人也就等于帮助自己，那才是心系人脉建构的文化底蕴。

关于人生哲学，国学大师饶宗颐曾提出“安顿说”。他认为：“一个人在世上，如何正确安顿好自己，这是十分要紧的。”为此，应做好三件事：一是“天人互益”；二是“物物而不物于物”；三是“慈悲喜舍”。建构好人脉，技巧其实就在于安顿好自我。

建构人脉，有必要对“我”的层级作全面探讨，包括小我和大我，本我、自我和超我，过去的我、现在的我和未来的我，我、我们、我的和我们的等。“我”的层次，包括多个层级的“我”，人们必须明白各个层次需要干什么。有人做过统计，“我”层级关系一般由如下几部分组成。

一是血缘关系。天生的，不可改变，是我们每个人都应该珍惜的宝物。

二是亲戚关系。一半是先天的，一半是后天的。

三是同学关系。同学关系成为现代人际关系中的重要方面，尤其是对于高学历的人来说。与同学关系的好坏对于我们未来的发展具有重大的影响。

四是志趣相投的朋友。这种关系较为稳固，值得我们花心思去维护、培养，以诚相待。关爱是搞好关系的关键。

五是知己。这种朋友最难得，无论怎么强调其重要性都不为过。宽容、坦诚、友爱是其中的要素。

六是合作伙伴。如果我们与其他人一起创业，合作伙伴的选择至关重要，我们需要综合考虑大家的目标、性格来决定自己的合作伙伴。

七是成功人士。俗话说，近墨者黑，近朱者赤。如一位教师周围有一大批成功人士的话，他可能也会成功，因为周围人的成功经验、失败教训、资金、技术是助其成功的宝贵财富。

八是专业朋友。这包括与教师水平相当的专业朋友和技术水平比教师更高和更低的朋友。教师维持相当数量的专业朋友会使教师在遇到专业问题时能找到答疑解惑的师友，并有助于教师发表文章、评定职称、提升影响力。

九是有重大影响力的朋友。这些人可能是教师的长辈、上级，可能与教师没有直接的关联，但是他们对教师的成功可能产生重大的影响，只要能够获得他们的帮助，会大大增添教师成功的机会。

十是文体朋友。这种朋友一般是在业余文体活动中结识的朋友。比如篮球友、足球友、乒乓球友、羽毛球友、棋友、舞友等。结交这样的朋友可以丰富教师的业余生活，并从这些朋友中选择有益于事业发展的合作伙伴，不断创造自己成功的机会。

十一是朋友的朋友。通过朋友介绍结识新的朋友，这是构建教师人际网络的重要方法。

为师者如果能从上面的十一种人际关系中发现影响自己工作、事业的最主要的人际关系因素，使自己有目的有意识地加强相关方面的交往，把大部分精力花在那些对自己的事业最有影响力的人际关系上，相信已为自己的成功创造了良好的人际关系环境。

阿德勒主张:“生物学定向的本我，向社会文化转向自我的心理学，前者简单快乐，后者更突出争权夺利。”但这绝非人脉建构的初衷。每个人的人际关系网络都不同，源于不同目标、不同的理想和不同的生存环境的支撑。建构人脉主要在于生存和发展所需，所谓“立于礼，成于乐”“志之所在，气亦随之”。

找到“我”对应的层级，而后作取舍抉择，人脉建构时才不会茫然。美国卓越教师及领导中心曾在《从优秀走向卓越，到底该投入什么》发布：在师范生阶段，最重要的支持是高质量的实习，应用性教学、课程作业；在新手教师阶段，一位高效的校长和实习导师对他们的发展帮助最大；对于一个有六年以上教龄的成熟教师，继续教育、同事协作、专家的专业指导最为关键；最后一个阶段，对于已经是领导者的教师来说，提升领导力是最为重要的，比如担任导师、开展项目研究等。人们在建构自我人脉时，完全可以参考这一“地图”而索取所需。

唐纳·费思与山迪·维拉这两位专家曾为建立人脉提出了具体可行的行动准则。包括建立人脉网前，先了解自己的人生目标与长处。即你必须清楚自己究竟想要的是什么，了解自己能提供给别人什么价值，以及自己该秉持什么原则去建立人脉。建议可以如此开始：列出你到目前为止的五项重大成就。若你是登山老手，想必有许多高山经验可以传授；若你是位小有名气的宴会主持人，相信也是即将步入礼堂的新人想结识的对象。唯有走出自己的象牙塔，肯定自己对他人可能有哪些贡献，你的人脉网络才有可能突破。

很明显，通过专业化彰显留给别人良好的第一印象，是利于建构人脉的最有效的技巧。“有正常的听力，并不代表知道怎样去听。”想成为人脉高手，并不是把自己训练成名嘴或雄辩家，而是要懂得聆听的艺术。人脉是施与受的双向管道，愿意走进人群，明智与明理，才利于拓荒。

第二节 拥有利他价值，易得身边教师的支持

一切行动的目标,要么是保守,要么是变革。当我们追求变革时,为的是让某种事物变得更好;当我们追求保守时,为的是避免某种事物变得更坏。

——题记

探讨人脉，总没有绕开教师职场，寻找教师职业的存在意义和社会群体的归属感。关注人脉，更是涉及创业精神的打造。因为这是一个过程，即某个人或者某个群体通过有组织的努力，以创新和独特的方式追求机会、创造价值和谋求增长，从而拥有促进生存和发展的资源和平台。顺应人脉的建构，人们更应明白对事业的追求是非常重要的，而人品的较量是另外一种竞争。正所谓事业成就到了一定的阶段，人品会是最后的较量；一个拥有利他价值的教师，才更易得到身边教师的支持。

世间万物，招致世人喜恶，物所外显与内负之故，最终成就顺其自然，理所当然。关于职场边际价值，司马迁说："天下熙熙，皆为利来；天下攘攘，皆为利往。"决定一位教师在一个职场中的地位，是他在教育与课堂等中心工作完成的效果，只是本节笔墨集中于职场人际关系的处理,所以本节依旧指向中心话题"生存第一性"与"发展可能性（第二性）"的论述。至此，进一步论及如何赢得身边教师的支持,论及如何择善人而交、择善书而读、择善言而听、择善行而从。

一、赢得认同

所谓赢得认同，只有通过把涉及人脉的意象连接起来，将与人脉相关的知觉连接起来，用心灵、思想把握对象，通过记忆、判断或行

动进行区别、认同、认识。认同，或接受当成真的，或通过感谢证明于人们受惠于某人。

职场中，很多思想事件的不连续性特征，增加了我们对职业可靠性的困惑。除了多次提及赢得领导认同，能赢得同事认同的承认，依旧是一件不容易的事情。这里必然包括主动性，承认某种东西、对象、人、自我、他者，相互认同，要么被承认，要么要求被承认。

为了认同，必须进行区别；进行区别时，人们进行认同。对于教师职场，如何判断是解决承认问题的不二法门，为了衡量这个处于主导地位的判断事件的时代特征，在跨越职场这个门廊前停滞不前是无益之举。认同相较于自身，还不能远离理想的目标，否则将失去方向。毕竟认同是发展的基础，靠什么赢得认同，更多时是靠确认为真的东西加以确认。另一方面，对认同的依赖，如思想、人格力量，靠对他者的尊重和耐心细致的交流。

1. 职场修行

修行是一条道路，一条通往人类内心最深处的道路。释迦牟尼曾说，人生是苦，而这个苦是可以解脱的，这个解脱的过程就叫修行。职场中修行，达成“我，我的”与“他者，他者的”认同，犹豫不决就会导致意识模糊，拥有明确可辨的主体轮廓才利于互动。

修行是一种最纯净的心灵活动，是一个使人的心境越来越清澈的承认过程。要求人们确认“某人、事、物”的承认是一个命题，包括试验、深度、假设等，在勾勒承认的轮廓前，必须防止表象没落，特别是防止表象没落到难以辨认——防止承诺经日益增长的误解最终走向不承认。

研究中常常发现不被承认具有相似性。修行的主要目的，就在于打破生活中的那些习以为常。包括对责任的承认，而非为承认而斗争，这里必然包括承认中的突变。为师修行，意味着可以在职场间寻求认同的承认，以及承认的突变。这需要非常正确的认识，在修行的过程之中，会觉得思想越来越单纯、心情越来越安稳。

突破职业的限制，用自己的努力去满足自我的承认，以达成相互承认，其实就是修行。比如，勤奋中提高做事效率，安静中修炼身心，最终人们会超越事实认同，相伴认同的突变。

链接 4-4

大家都对

有一位师父在蒲团上静坐，身旁站立一位侍者。

门外，比丘的两个徒弟在辩论佛法，他们争论着说自己所了解到的佛法才是正确的。他们找师父判定。

“师父！修行的人要心无挂碍，不分是非好坏，没有荣辱取舍，这才是功夫，师弟偏说我不对，请问师父，我的说法究竟对不对？”

“你的对！”师父回答。

师兄得意扬扬地向师弟现出得胜者的姿态。

师弟不服气：“师父！修行的人要心有主宰，分清是非，知道取舍，这才是修行，师兄跟我唱反调，怎么师父说他的对？”

“你的对！”师父肯定了他。

师父身旁的侍者心中不解：“怎么这个来问你说对，那个来问你又说对，究竟哪个对呢？”

师父对侍者说：“你也对！”

关于修行，莫过于那句“你也对”。对他人认可，并不是一件容易的事，说出“你也对”，必然包含着对操行的衡量。修行，行与心通。职场的修行，没有统一标准，仁者见仁，智者见智。

认同面临不承认的考验，需要人们加以修行。表象没落，针对同一命题，经常会出现认同或排斥的不同结论。这里，认同就是区别；一个不是另一个；自我不是他者；某物出现，消失，再现；根据意象判断，先前犹豫，而后承认；这恰恰是同一事物而不是其他事物。

职场修行中谋求认同中的承认，正如让－雅克·卢梭在《论语言的起源》中讲述的：“一旦他人承诺某个人是一个有感觉、有思想并与他有相似的存在者，那种与他交流情感和思想的欲望和需要就会使他寻找一种交流的途径。”为师者必须保持清醒，能明确应对人、事、物，特别是正确看待承认对应的事故，仿若价值的提醒。

开启承认的程序，通过人的能力增长来衡量，这种增长对于有效承认是非常有必要的。职场修行中，认同的权利最终会发展成为“一种归属于人的道德品质，根据这种品质，人们可以合法地占有某物或做出某事”，最终会发展成为一种自身力量。每个人都有应用这种自身力量的自由，如同本性所需求的那样。

修行，达成自我认同的承认，必然包含原则性的把握。这一切完全取决于心态，取决于行事的原则：公正、努力、友爱，而非自保。

职场如丛林求生，修行不到位，对别人来说是故事，对你来说就会是事故。干好自己手上的工作，是自我认同和相互认同的前提。有时靠自觉，精益求精，以获得安身立命的根本。认同中的承认，等同于修行，但不等同于小聪明，随意触犯利益是大忌，比如能说人好话时就别说坏话。我们应明白一个道理，认同的承认更在于管好自己的嘴，绝对不能是私下阐述对他者不认同时的冲动，最终遭受损失的是人而非语言，是“我，我的精神”。

为承认斗争和爱，值得注意的是，承认保证了自我反思和指向他者之间的联系，整个过程中的动力会从否定级发展到肯定级，从蔑视发展到尊重，从不公正发展到支持。认同中的交心是必要的，但要有的放矢。促膝贴心长谈是种手段，而事实上，只要涉及私事与私利，认同须谨慎才行。

认同彰显智慧。事实是没有一条非常好的经验，给人指点就会变得灵验。处处修行，处处谨慎是非常必要的，人与人之间的相互承认本身就非常的微妙，特别是因为行为不当，所致后果难以挽回，就像打碎花瓶，谁也无法修复裂痕。

青年教师应谨记：职场修行只有思量认同，自我承认，才能赢得相互承认。

2. 选择知己

扩张人脉，谋求他者的认同，基于职场这一共同的自然界和分享着共同的价值观的共同体被构造出来，这里必然包含着职场价值交互关系的构建。其实，不管这些共同体建构有多么的真实，他们无法在互思和我思中永远形成绝对。这即是追求固定认同者的妥协，必然包括相互间的维系。这里必然包括尊重进展的人际关系的新意义维系，以及从自我存在地位中衍生出的共同体的存在地位维系。

赢得互相承认，这里必然包含交互性的群体生活的抉择，并非与人在工作内同流、工作外合污，赌博，酗酒，充溢着不正当的交换。那样绝对不是惺惺相惜，而是相互利益牵扯，只要达不到利益的最大化便会生成伤害。同理，这不是选择知己，以为虚度时光而走到一块的只能称作玩伴。

专业化发展，选择知己，最完美的表达形成就是相互认同的承认。尽管这种承认在群体性活动中有相互利用的成分，有时缺乏原则性的认同，但这对于达成满意原则是有帮助的。虽然存在着各种特殊性，如多维性、随机性、不确定性、模糊性、突发性、利益冲突性、信息不对称性等，但其主观目的在于将更多美好的东西激发出来。

在专业化前行的路途中，知音的认同近乎等同于“中间成就值”呈现前的曙光。“物以类聚，人以群分。”审视其朋友，便知其未来。事实也证明，和积极的人在一起，赢得积极的认同，不会消沉；与智者同行，赢得有效的帮扶，才会不同凡响。选择知己是一件谨慎的事，只把生存当作唯一目标，定然会丢掉发展的可能性。

在为师的职场修行中，认同感更多源于理念与道德、专业知识和专业能力等的承认。择友不是拉帮结派，但这里必须提示的是，应理智地区分“组织内”与“人脉圈”。“组织内”通常是一个有纲领的机构，组织严明，通常会是对组织内成员采用保护，对组织外成员排斥。“人脉圈”是一个比较松散的群体，缺乏组织性和领袖，没有行动纲领，更多的是志趣相投而走近，惺惺相惜而倾情投以认同的承认。

对于在专业化发展的初阶，特别是内驱动力相对弱小到难以保护自己的时候，只有努力才会彰显出未来成就值，此刻应明智，应对自己的认同负责，对自己的选择负责。对于入职新手而言，对择友和加入“组织内”都需要谨慎。这时往往会出现一个短暂的职场“婚配期”，源于各方的认同，明里或暗里都在试探着向你招手，希望加入阵营。被“拉下水”，是最可怕的结局，特别是道德底线受损下滑，遭受毁灭性打击都会有可能。

链接 4-5

互相成就

葛优在《顽主》里那个“冷面热心、幽默成性”的小人物形象，闪现在冯小刚眼前时，冯小刚就看上了葛优身上的市民气息。冯小刚在看了王朔的《编辑部的故事》时，心里就把李冬宝这一角色与葛优重叠在一起了。

一天，冯小刚冒着雨，在葛优家楼下的停车场等外出未归的葛优，打动了葛优，他走进了《编辑部的故事》。于是，葛优那日见荒芜的脑袋变得家喻户晓。葛冯友谊也翻开了新的一页。冯小刚的贺岁片中就有了“铁打的葛优，流水的冯女郎”，葛优俨然成了中国贺岁片的一块金字招牌。

葛优碰到冯小刚，既是葛优的幸运，又是冯小刚的幸运。冯小刚说：“葛优片子里说的台词儿可都是我写的啊！没我写的这些台词儿，他就没意思。不过反过来，我的台词儿要不是他说，也没意思，同样一句话换成别人，味儿就不对。”一语道破天机，原来葛冯合作都成就了对方！

认同的过程，包含着责任，也彰显着力量。与其说冯小刚的慧眼识才，让葛优成为民众之星，不如说是葛优选择了适合自己发展的冯小刚。冯小刚为葛优量身打造了很多作品，而启发了冯小刚的创作灵感的是葛优。

商界有条法则，叫“二八法则”，十分适用于指导人们人脉资源扩张。其内容是：“当你真正发生财务危机时，80% 的所谓朋友不但不会主动借钱给你，甚至还会不接电话，躲得远远的；只有 20% 的朋友，愿意给你正面的影响和帮助；但能改变你命运的朋友，不会超过 5%。因此，我们没有必要对所有朋友一视同仁。不要把精力和信任放在酒肉朋友身上，而应该抽取 80% 的时间用在最重要、最牢靠、对人生有影响和帮助的 20% 朋友身上，努力认识关键或重要的人。”

对于择友的本质阐述，基于认同且不只重结果，更重过程。很明显，认同是有层级的，普适的往往层级性不高，只有承认和感谢之间最终等同，那种少有延缓效果而得的崇高地位，方才可称作高级层级的同一性达成。那是幸运的象征。

有选择地扩张高层级人脉，智力层级的弥补是最基本的特征。特别是在这契合层级较高的社会，非一人而独担的时代。给予精神支持，给事业以动力，最经典的友谊莫过于马克思与恩格斯。也许我们永远也不可能像伟人那样做出光辉的业绩，但人生旅途中建立起类似的友谊也是有可能的。

择知己的过程中，只有在认同且区别的意义上，承认不仅与认识相分离，还打开了通向认识的道路。构建人脉，在认同中学会清理非常重要。管理大师德鲁克做过一个比喻：“清理你的人脉就像清理你的衣柜一样，将不合适的衣服清出衣柜，才能将更多的新衣服放入衣柜。”清理构建有用资源库，才会获得更多空间，构建认同且区别的意义，人们应把精力和信任放在“真假区分”上。

构建人脉，寻求认同中的承认，寻找知音是重要环节。知音难寻，人在旅途，并非臭味相投，更在于互相包容的胸怀，互相推动的资本，共同奋进的力量。此外，在逆境中能够鼓励你，在顺境中能够批评你，具有这样的品格和智慧的朋友定当接纳，在彼此间建构密切的关系。

青年教师应谨记：认同总会短暂出现，择友更应避免仓促和偏见。

二、发展与开放

这个世界本就存在马太效应，强者愈强，弱者愈弱。弱者本该获得帮助，强者却占据了所有；弱者本该首先得到提升，强者占据根本不给弱者舞台。有马太效应的存在，难道就没有办法改变生存方式的突破口？其实，马太效应只是对弱者的适应，只要敢于挑战，很多阻碍只不过是虚掩的大门。

探讨人脉，研讨存在和发展，离不开所处的时代。特别是在“互联网+”“大数据”“人工智能”等新事物到来的时代，封闭的结果就只能是倒退。教育从没有停下改革的步伐，这里必然涉及为师以何等身份出场，方才最终决定对应的边际价值。一个人要发展，要开放，“形势逼你走的路，就是战略选择，所谓战略选择，就是让你适应形势，又使形势为你的事业服务”。正如北京华夏管理学院荣誉院长李燕杰所说：“形势对每个人都一样，但如何尽早适应，尽早突破，尽早取胜，这就是最佳选择。”

成就卓越，离不开身边教师朋友的支持，这里更多的符合生存中的满意原则。即一个人在专业化发展的过程中，获得多数人的支持和扶持，获得成功的概率一定会更大。关于人脉的探讨，特别是获得崇高层级的友谊的重要性，正如马卡连柯所说：“如果有五个能力较弱的教师团结在一个集体里，受到一种思想、一种原则、一种作风的鼓舞，能齐心一致的话，那就比十多个各随己意的优良教师要好得多。”

1. **发展与担当**

马克斯·韦伯说："每个人所看到的都是他自己的心中之物。"关于认同的承认，其效度主要取决于一个人发展可能性和担当多少责任。爱因斯坦说："你能不能观察到眼前的现象取决于你运用什么样的理论，理论决定着你到底能够观察到什么。"在专业化发展的过程中，不管认同中的承认带有何种前提条件，但应该明确必然不能少人为因素，甚至不能忽略人为因素对结果的干扰。一个人的生存与发展，包括人脉建构，都受到源于内存缄默性理念的指引（没有理想与信念也是一种理念）。

发展与担当，主要的目的在于开发自我，创造生命中的最大成就值。扩张人脉，多有与弱小时的边际价值扩张相关联，包括在身感束缚之时，只要敢于跳出封闭的"人脉圈"，才会有获得崇高的认同中的承诺的可能。

专业化发展体现最优化的抉择，其间在不停地运动变化中把握，叫命运。但是，这里不能缺乏人的因素，一是缺少"我，我的"对自我专业化发展的认同，二是缺少"他，他者"的承认，命运是很难朝着呈现价值最大化方向发展的。比如鲁迅笔下的孔乙己，最大的悲哀是：虽然他擅长于不停变化，但总被任何阶层所抛弃。

勇于发展和担当，对发展方式、手段的理解，换成对发展结果的理解，换成对发展目的认同，在于能承担起教育人的责任。发展只有带有主动成分，才可能真为获得成就建构人脉打下基础；只有敢于主动担当，才可让给予自我认同中的承认的知己放心。

发展的目的，不可忽视具有承担更大的责任的内涵。提及人脉在发展中的重要性，这里的发展必然包括"我，我的"目的的确立，才更容易让人理解"正在做什么""曾经做了些什么""将要做什么""已经做到什么程度"和"将什么地方作为重点突围"等，都是需要及时呈现的内容。只有如此有条理化地呈现出来，才会得到他人明确的认同。

发展主要是“我，我的”发展，担当主要是对“他，他者”的担当。在通常情况下，完成常规本职工作外，担当在于再去努力承揽责任，这样的行为才会得以发展。那些只把本职工作当作全部的教师，哪怕工作再完美，因为责任有限，也只能说发展有限，成就有限，人生的价值有限，获得认定价值认同有限。

发展与担当同步，只有真正付出才可能走得更远。发展大小，决定成就大小。大成者，承担起大责任；小成者，承担起小责任。那些没有成就者，没有承担起责任。

发展中存在真发展和假发展，追问认同的可信度，只要开启判断是真认同还是假认同的程序，便知是真发展还是假发展。因为假发展，就像假概念一样没有外延。只有当真发展转化成力量和担当，才会具有现实意义。

链接 4-6

古董带来的命运

约翰和戴维是新到速递公司的两名职员。他们俩是工作搭档，工作一直都很认真，上司对这两名新员工很满意。然而，一件事却改变了两个人的命运。

一次，约翰和戴维负责把一件大宗邮件送到码头，上司反复叮嘱他们要小心。没想到，送货车开到半路坏了。

约翰说：“我的力气大，我来背吧，距离码头也没有多远了。而且这条路上的车特别少，等车修好，船就开走了。”

“你背吧，你比我强壮。”戴维说。

约翰背起邮件，一路小跑，终于按照规定的时间赶到了码头。这时，戴维说：“我来背吧，你去叫货主。”他心想，如果客户把这件事告诉老板，会给我加薪呢。他只顾想，当约翰把邮件递给他的时候，他却没接住，邮包掉在了地上，“哗啦”一声，古董碎了。

“你怎么搞的，我没接你就放手。”戴维大喊。

约翰和戴维都知道，古董打碎了意味着什么。

“老板,不是我的错,是约翰不小心弄坏的。”戴维趁着约翰不注意，偷偷对老板说。老板平静地说：“谢谢，我知道了。”

随后，老板把约翰叫来：“约翰，到底怎么回事？”约翰就把事情的原委告诉了老板，最后说：“这是我们的失职，我愿意承担责任。另外，戴维的家境不太好，如果可能的话，他的责任我也来承担。”

约翰和戴维一直等待处理的结果。

老板把他们叫到办公室，对他俩说：“公司一直对你俩很器重，想从你们俩当中选择一个人担任客户部经理，没想到却出了这样一件事情，不过也好，这会让我们更清楚哪一个人是合适的人选。”

戴维暗喜，心想：一定是我了。

“我们决定请约翰担任公司的客户部经理，这是因为，一个能够勇于承担责任的人是值得信任的。对了，戴维明天不用来上班了。”

相对于未来发展的可能性，还不能一句话就清楚回答。但是，在这注重边际价值的时代，现实生活关于担当就是这样一个道理：谁敢于主动承担更大责任，才会有更大的发展。

放弃责任承担，意味着难以获得职场中他者的认同。现实就是这样，只有那些能够勇于承担责任的人，才有被赋予更多使命的可能，才有资格获得更多的承认。某种意义上讲，由发展想到责任担当，再由责任担当想到发展，发展和责任担当已经变成了一种积极的生活态度。谈发展，讲责任，并不矛盾。只能说明一个有责任心的人，更易彰显美德，获得更多认同中的承认。

在广阔的职场中，谁从没有阻碍谁的发展，“我”也没有阻碍谁的发展。法国作家帕斯卡尔在《思想录》中曾写道：“人只不过是一根苇草，是自然界最脆弱的东西；但它是一根能思想的苇草。用不着整个宇宙都拿起武器来才能毁灭他，一口气、一滴水就足以致他死命了。然而，纵使宇宙毁灭了他，人却仍然比置他于死地的东西高贵得多，因为他知道自己要死亡，以及宇宙对他所具有的优势，而宇宙对此却一无所知。”无数教师不缺少发展目标，不缺乏担当的能力，缺少的就是自知之明。

发展的内涵在于自由。人的全面发展，还包括个性自由、人的性格、智慧的发展等，主动去找到合适自我自由发展的方式与空间，才会有赢得他者认同的可能。在这自由发展的时代，完成本职工作为前提才可提及发展，才再没有什么限制与阻碍。

从孔夫子“我欲仁，斯仁至矣”的自信，到顾炎武“天下兴亡，匹夫有责”的呼唤，游离于理想与现实之间，做好眼前的事，心系人类，需要何等的勇气和毅力。特别是在当今自由发展的时代，一直走在平坦的大道上，只能算散步，不能算奋斗。奋斗的人生是在没有路的地方找到新路。

青年教师应谨记：只有勇于发展和担责，所做之事才会获得更多的认同。

2. 开放与开发

时代在变，但其规律依存。比如，事物不仅作为整体而存在，而且作为过程而存在；事物不仅个体而存在，而且作为局部而存在。开放主要涉及的是机遇的问题，开发主要涉及的是态度的问题，开放度与开发度最终无不影响事物的价值认同。开放与开发，必然涉及大我与小我之间的取舍，必然包括整体与局部的取舍。

获得成绩，取得成就，一国如此，一人也如此。四十年的改革开放，四十年的开发创新，让中国经济快速发展。取得如此辉煌的成就，原因在于意识改变，思想开放，举国努力上下进入快车道。为师者，时间更是紧缺资源，得以专业化提升和提速，开放与开发无亚于良策和良方。

人生也如发展经济，同样需要相伴改革与开放，同样需要开发与智慧。可能有人会说，这是一个需要成绩的时代。熟悉的人审视你多还会想到你的能力，但世人对你价值认定时只会审视你所取得的成绩。没有成绩谁也不会对你认同，没有成绩你的处境相对来说就会变得艰难。

开放和开发是一对孪生兄弟。两者的关系犹如一双鞋，少了一只,是不值钱的。所以,另一半很重要。一个人的思想最易趋于保守，一个人的行为更易趋于惰性。为师，完全可以换一种活法，在前行的路上只要我们求新,广袤大地上本没有的路,就会被重新铺设出来。

开启开放与开发，找到属于自我的路径，做好前期边际价值资本有效投入非常重要。就像一双鞋，只有合脚并且合意了才能卖出去。所以，相对于个人的开放与开发，找到沉没资本的所得的教训，沟通了解显得非常重要。其中，有效开放与开发，还与自我所处的区位优势相关联，更是智慧之举。更新自己的知识很重要。

开放与开发，个人而言重在有心理准备，重在抓住时机。试问，你准备好了吗?

链接 4-7

凭智慧取胜

1984 年，在东京国际马拉松邀请赛中，名不见经传的日本选手山田本一出人意外地夺得了世界冠军。当记者问他凭什么取得如此惊人的成绩时，他说了这么一句话:“凭智慧战胜对手。”

当时许多人都认为这个偶然跑到前面的矮个子选手是在故弄玄虚。

两年后，山田本一代表日本参加意大利国际马拉松邀请赛，他又获得了世界冠军。记者又请他谈经验。

山田本一回答的仍是上次那句话:“用智慧战胜对手。”记者对他所谓的智慧迷惑不解。

十年后，谜底终于在其自传中解开了:“每次比赛之前，我都要乘车把比赛的线路仔细地看一遍，并把沿途比较醒目的标志画下来。比如，第一个标志是银行，第二个标志是一棵大树……这样一直画到赛程的终点。比赛开始后，我就以百米的速度奋力地向第一个目标冲去，等到达第一个目标后，我又以同样的速度向第二个目标冲去。四十多千米的赛程，就被我分解成这么几个小目标轻松地跑完了。”

山田本一为什么能取得成功？在人生的旅途中，我们稍微具有一点山田本一的智慧，一生中也许会少许多懊悔和惋惜。在这高速发展的年代，教师虽然没有直接参与生产，但是前行中依旧不能缺少开放的思想和开发自我潜能的方向。可以逐级地开发人生，将人生不同时段的目标提前规划，而后有序地完成。

很多人并不懂得开放与开发的本意，以为随着时代的大潮，到开发区务工就属于踏上改革的通道。很多教师也是如此，以为只要响应课程改革号召，跟着每一轮新规则做就顺应要求。那种不能自主，那种没有个人知识产权的开放与开发，只不过是过客罢了。其实，只要衡量其最现实的边际价值，便知道并非真正开放“我，我的”手脚和大脑，并非真正找到“我，我的”责任区搞开发。

开放的人生，是一次与过去的决裂；开发人生，是一种生命的投入。涉及个体职场价值的提升，开放与开发必然指向专业化的提升，那样才可能真正确立边际价值或未来价值。纵观古今，多少仁人不是敢于打开封闭之门，方才不孤陋；有多少志士不是敢于面对挑战，方才拥有大成就。

人生开放，那是于无声处触响的春雷，它将以震撼心灵的天籁，宣告自我价值创造之路的开启；积极地去开发人生，那是从荒芜中开垦良田，尽管辛劳，定然充满种植的快乐和丰收的希望。每个人都具有充沛的活力，都具有无限潜能。面对这些未来财富值，如若当下没有开放和开发的当机立断，定当在未来也难成现实。为此，建议如下：

一是敢作敢为。人的财富始于积极向上的态度，只有把这种态度转化为对未来的向往、对前途的信心，让它成为一种力量，以此迸发出智慧，让它产生灵感，才能为未来成就值的形成开辟捷径。

二是开发无形。无形财富是蕴藏在人体中的一道矿脉，只有把它开发出来才能闪耀出无限的光辉。真诚面对教育，敢于探究教育，与他人共享甘甜苦辣，真诚待人；与他人和睦相处，互相帮助；与他人共同合作，取长补短，其自身价值才可能得到认同。

三是自我认同。人生财富，不是天生就拥有的，需要自我认同。在认同的过程中不断锤炼，才能达成自我认同，提高生存和生活质量，达成理想境界。

青年教师应谨记：人生光明两条道，一条是开放，一条是开发；迈开，仿若人的两条腿。

第三节　带给超越性需求，才能获得支持

观念不仅会带来结果，其结果还时常远远超出它们当下的背景和处境。

——题记

为师者的困难，源于课堂与教育的大都能解决，感觉为难的是工作之外的那些事。解决人脉的困局，在于他者给予紧缺资源的帮助，以解燃眉之急。人们应该明白满足基本需求，更多时只能保障自我生存的基本需要；而只有带给超越性需求的满足，做出高于他人更多更大一截的成就，才能获得领导支持。

如若职场外困难给解决了，还有何困难称得上困难？生存的不易、发展的不易，正因为不时具有无限可能性，方才感觉非自我之力所能及的困难。既然是紧缺品，必然有付出代价才可获得的程序，人们不得不面对竞争异常激烈的现实，接受隐性激流漩涡般的冲击和吞噬。也许疲惫不堪，甚至举步维艰，只是说明没有达成目的，需要进一步努力，需要自省。至此，重点交流如何得到领导支持，以获得紧缺资源，给予专业发展支撑。

一、赢得领导认同

赢得认同，即赢得承认。赢得认同，属于黑格尔提出的“为承认而斗争”的命题。

领导认同与同事认同有着本质不同。同事认同主要基于感性和道德，领导认同基于客观和权衡。当然，对于人的生存和发展的影响两者认同都不能缺乏，承认层级和强度是会有差异的，体现于紧缺资源的权衡。

涉及发展平台、培养机制、资源赠予等，都带有倾向性。绝对相信在资源紧缺有限的前提下，如果没有合作，难以享受各种益处。人们只有基于期望和额外收益和成本进行选择,必须决定“该做什么”“在哪儿做什么”“什么时候做”等。这里必然涉及人们把什么看作收益和成品，以及以怎样的相对价值衡量收益和成本。专业化和交换，指向成功合作是一项特别复杂的任务，至此主要探讨稀缺性约束下的选择行为。

1. 做正确的事

笔者近来读西格蒙德·弗洛伊德的《精神分析学引论》，非常赞同关于过失分析的观点：认为过失是有意义的，过失是有原因的；分析过失更有预见性，能将后面的事做好。

谈做正确的事，也许通过前面引述已经明白，以前处理与领导关系时，可能很多做法不正确，当然那是有原因的。现在，探讨沉没行为成本，也是有意义的。主要原因在于没有处理好与领导间的合作关系，这里必然包括通过相互调整进行合作，以达成认同的承认。解决办法在于，存在相互持续调整的过程，个人行为不断变动产生净收益，强调合作过程优化，以及计划和目的与手段的一致性，观察稀缺性、选择、权衡和结果来解释社会现象。

规则影响激励，隐性规则的掌握非常重要。如若模糊状态下存在含混，最糟糕的情况是会演变成具有破坏性的争斗。譬如，以集体名义进行选择，实际是由个体做出的，他们在追求自己目标和计划的过程中权衡取舍,并进行优化。人们因为资源稀缺性才进行优化，这为他们创造了多种选择机会和结果。出现那样的情况，定然是方向出现问题，症结其实就那样简单。发展的方向性出现问题，多会导致生发意识性问题，最终影响生存和发展。大家理应追逐只对自己有利的规则。

不沿正确方向奔跑，速度快慢都没有任何意义。勤于思考，善于思考，做正确的事，等同于互换产品和服务的产权，进而围绕所需进行交易。细细品味会发现，导致糟糕的理由很多，非智不达、力不足，主要还得归结于违背交易规则。每个人在做事中交换合作，就能找到增加自我成就值的方式。正确做事，是扩大交换值的动力原因，如果双方找到承认的方式，那就是一个高效的方式。

个体之所以自愿进行交易，是因为认为值得。在做事中学会权衡，从专业化中交换利益，追求比较优势，才可能在职场中获得更多承认。哈佛有句大家熟悉的谚语："一天的思考，胜过一周的蛮干。"科学思考是理解行为规则的前提，是一种积极的思维模式，它促使人在困境中探寻最好的途径。事实也证明，不进行行为和服务互换，谁也不知道你的优势是什么。职场中，做正确的事，追求稀缺资源，促进专业化发展，无论出现什么险阻，总会达成认同和承认的一致性。

需求才会产生价值。做正确的事源于需求，有主见的体现，不随波逐流，意味着你是一个站立的人，醒目地亮出比较优势，才会派生明智选择，从现有资源中尽可能多地获取想要的东西，促进过程最优化。

为师不能只是教书，不能只会站课堂，只有做更多的事才会解决职场外关于生存和发展的困顿。机会原本是均等的，因为不同人投入的机会成本不同，方才导致结果的倾向。很多时候，资源本没有成本，需求才产生成本。为此，只有全面理解行为才是成本的概念，才能真正理解做正确的事的重要性。

凡是决策都立足当下，而非未来。人心浮躁，面对各种沉没成本，原本难以恢复的情况下，机会值、诱惑值不断增大，为了利益而不讲原则，昏昏然搞出格的事，勤勤恳恳做糊涂的事，都有可能提高成本代价。最可怕的是自己做了一些不正确的事，还拉拢其他人一块干、对着干，这样做的实质是什么？已经直接或间接地压缩你的行为边际成本值，让你已经达到不可救药的程度。

现实中，有人却把立足当下的行为成本，理解成奴性的存在。凡事不积极、不主动，不会站在他者角度换位思考，就难以站在全局高度去想办法、谋思路；遇到挫折萎靡不振，绕开困难走；习惯于得过且过，做事马马虎虎；工作出现偏差与失误时，总是找借口等这样的行为产生负能量，只能是无限加大行为成本。

成本是某些人放弃机会的价值。有些投入不等于成功，有些忙碌不等于效率。行为充满正能量，做正确的事才是最重要的。现代人更需要做正确的事，忙到点子上，才会得到认同。行为机会成本必然是边际成本。身为教师，把教书育人的事，以及相关事情做好，才会赢得学校承认。事实也是这样。看看身边的一些教师，他们总是日复一日、年复一年地忙着，他们会有发展吗？可以肯定地说，他们除工作，还忘记了一些本应该去做的事，那些给提升学校品位助力的事，才是换取认同的最紧缺的行为成本。

提升行为成本的边际价值，讲究技巧。行为才会带来机会上的取舍，只有行为才有成本，切记提醒自我“对谁而言的成本”“做什么事的成本”。比如，挤出时间与领导谈过心吗？你了解学校近期所盼、所需吗？一切行为与学校近期发展和长远规划保持在一个高度上吗？行为得到他者承认，才会给予认同。

能否达成目标，关键在于行为成本中是否凸显比较优势。有的人因理想与现实落差越发加大，心中异常“茫然”。一学年、几学年都“忙碌”过去，当回顾总结工作时，总会说没闲着。殊不知，一直在错误的泥潭中徘徊，从没有追求比较优势，依照自我有限的知识和技能和学校进行有效的合作，是最根本的原因。工作中没有赢得认同，在做每件事之前，都应该自问行为成本的价值。

人生发展，失序是自我行为成本的不完美。试想，当工作依然被“盲目”所支配的时候，当人生依然被“茫然”所笼罩的时候，很难说对工作的激情、忠诚、智慧与灵性被最大限度地激发出来，很难说能从工作中找寻到快乐与幸福。这真的需要我们清醒起来啊！

得到学校的认同，不是一件容易的事。认清自我工作的方向，必须得澄清，日常工作并不是为学校工作，为学校谋才会赢得认同，边际本成本投入才会快速得到回报。关于方向性的问题，其间不正确，更多是意识形态中出现问题。平时努力可能存在封闭，更替重点在于能有的放矢地与领导沟通，从而让自己的工作与学校发展同步，与勾画出的蓝图一致。既不游离于学校教学之外，又与自己专业发展一致，这样才能健康成长。

要加强工作的计划性，做每一件事目的须明确，必须有计划地做，并按照计划实施。现实中，很多人的行为成本彰显十分随意，领导一般不会主动奉上发展资源与平台，应主动去勾画出成长几步曲。真正想有所作为，发展的计划得围绕学校发展方略主动跟进才行。当然，这也涉及人品问题。一个人的所有行为计划完全带有个人目的性，只会带有伤害性和负能量，是完全不可取的。

青年教师应谨记：亮出你的原则、观点和立场，于公于私关键在于体现善意。

2. 正确做事

边际成本不影响付出代价，需求决定付出方式和付出多少。如果说做正确的事是为了全面降低边际成本，正确做事便可以理解为是为了边际需求而努力。赢得认同，正确做事是行为方向、行为过程的准则。“做正确的事”是“正确做事”的前提和基础，“正确做事”是“做正确的事”的方法和保障。凭什么获得认同？现实生活中存在两种情况，一种因非正常竞争手段获得，一种因追求比较优势的合作价值而获得。关于前者，不值得提倡，因为那样做不能保证发展可能性持续最大化；关于后者，炼狱般功夫定能获得认同的承认。

做任何事都倡导成本计算。做正确的事，少走弯路，最大体现在于产生中间成就值，赢得承认。做正确的事与正确地做事关键在于谁是主宰？内因决定着外因，内因就是教师自己。人们必须学会为自己做主，找回自我。通常情况是，做正确的事处于第一层级，即熟悉和适应环境的层级；正确做事处于第二层级，即在第一个层级基础上自主发展。很多人长时期处于第一个层级没有获得优先发展的机会，即便在正确做事仿佛进入第二个层级，只能说明假象存在，存在南辕北辙等问题。虽然两个层级间没有明显的界线，但只有达成第一级后，才可能达到第二级。教师发展也是如此。

一个人能正确做事，源于拥有科学工作方法。把有限的精力献给无限的教育事业，能适时适当地随着时代、环境和条件的变迁，从不同的视角和维度全方位、深入细致地展开对自我、对工作审视，才能为自己的专业成长和事业发展提供帮助。

实践证明，教师只有在正确的方向引领下，运用科学的思维方式和工作方法，正确地做着教育教学、专业成长方面的事情，才能够走出困境，走向成功；相反，只会导致严重挫折，甚至失败。赢得认同并不难，关键是换一个角度也许看得更明，那就是一个教师能力的呈现，专业的发展，关系着学校的生存和发展。

链接 4-8

苏珊的职责

苏珊出身于中国台北的一个音乐世家，从小期望自己能在音乐天地中做出一番事业。阴差阳错，她考进了大学的工商管理系。尽管不喜欢这一专业，一向认真的她，每学期各科成绩依然优异。毕业后，她被保送美国麻省理工学院，攻读当时许多学生可望而不可即的MBA，成绩突出的她，又拿到了经济管理专业的博士学位。如今已是美国证券业界风云人物的她，心存遗憾地说：“如果能让我重新选择，我会毫不犹豫地选择音乐。”有人问她：“你不喜欢你的专业，为何学得那么棒？不喜欢眼下的工作，为何又做得那么优秀？”

因为我在那个职位上，那里有我应尽的职责，我必须认真对待。

行为作为成本存在，主要在于拥有生产性。一个人拥有强大的生产性，是一种职场美德。什么是最好的专业？往往能达成意图的，才是最好的。勇于承担责任，比努力推卸责任明智。因为承担责任的内核是尊重，是信任。依靠理性的力量，人能建造一个物质的世界；运用物质的力量，使人能够获得尊严。

正确做事的本质在于找到存在感。存在的核心思想则是自由承担责任的绝对性；人发现自己处在一个有组织的处境中，他没法避免选择，他不选择也等于做出选择。所以，这是行动哲学，是入世哲学。对于专业化的探讨，有必要思考如何建构存在感。笔者有位朋友讲述他的成长经历：“刚入职那几年，深知出路渺茫，路只有两条，一是能成功地上公开课，一是学生成绩出众。可两方面我都不占优势，普通话不标准，加上难看的粉笔字，注定靠上公开课而有作为的路被封死；所在乡村小学生源差，根本无法与城区比，想依靠学生的成绩出彩很难。职场六年依旧平平，在教育这方天地没有找到存在感。经过苦苦求索，我凭借自己具有发散创新思维超强的优势，重新调整努力方向，专注于教育科研。现在看来，若没有方向的调整，我定然不会得到同行的认同，并获得教研‘怪才’‘鬼才’‘偏才’的存在感。”

人，总在努力地实现自己的价值。他需要对自己是怎样的人负责。奥姆威尔·格林绍曾指出：“我们不一定知道正确的道路是什么，但却不要在错误的道路上走得太远。”人人都有特殊生存境遇，需求定然不同，分辨与选择行为方向，做正确的事非常重要。

做正确的事，才能给予自我持续发展的保证，并得到认同。一个人朝着什么方向发展，自己要有掌控力。人生往往二十年一个大轮回，十年间我们身边的人与事就会有更新，一个人是否有成就，由其十多年前的行为成本投入决定。

正确做事，将理想变成实实在在的目标，达成目标才有解困的可能。让·保罗·萨特曾说：“行动只依靠和他的行动有密切关系的可能性做出决定。但是，他只能尽力而为，因为对现实太没有把握了。”正确做事，是职业生涯的“镜子和尺子”，具有灯塔、航标的引导作用，只在借此聚拢心力，才会真正给自我找到存在感。

让所有行为变得更有意义，是正确做事的重要体现之一。人必须为自己的存在和自己的一切行为“承担责任”。美国通用电气公司前总裁杰克·韦尔奇说：“有想法就是英雄。”创业的过程，人脉对等建构的过程，获得认同的过程，就像卫星升空进入大气层时经历的一段暗区，突破瓶颈，才会迎来期望。

二、懂得尊重

人脉建构的核心在于承认，而且它在被承认的过程中发挥着作用。虽然修行中注重人脉扩张，但依旧应清楚不同人脉的重要性，才能利于生存和发展等基本需求和超越性需求的满足。在此特别阐述如何通过边际成本的投入，让行为机会成本因正确做事和做正确的事得到确认，在满足学校发展之需的过程中获得学校的确认。

有哲学家认为，永远不要把另一个人当作手段，而要当作目的，归根到底，起作用的还是情感，情感真正把我推向哪个方向，那就是我应当选择的道路。换句话说，情感是由人的行为形成的，所以我们不参照我们的情感来指导行动。

人是能判断的，因为他是参照别人进行选择的，而在参照别人时，人就是选择了自己。我们将抛出感性的观点，比如尊重与承认，尊重成了承认的感性条件，承认成了尊重的理性结果；不懂得尊重，尊重与承认之间受阻，只能导致行为成本的无限提高。很多时候，行为成本都演化成了沉没成本，曾经的过失引起回忆，从而再生勇气和决心，把那些小小的过失当作预兆，便可以避免带来更多的失望及痛苦，在改善人际关系后获得认同的承认。

1. 必备礼仪

人们相互承认的核心在于能够找到存在感，它必然涉及利他情怀和各级关怀。当然，在投入行为成本的过程中，人们有必要清楚自我发展的条件：那个直接从我思中找到自己的人，也发现所有别的人，并且发现他们是自己存在的条件——无与伦比的专业化是精要的部分。

纵观行为成本，维系关系的必备礼仪，一个人容易做到的事，尽是人们行为中缺失的东西。包括找到自我的存在感，也包括如何让他者找到存在感后对“我”的承认。懂礼仪非常重要，这不只是关于自我存在感的满足，更在于对他者存在感的满足。相对于称呼，就有大学问。才走上岗位的年轻教师，平时里见李姓校长，最得体的是直呼李校长；尽管这李校长曾是你老师，但你却不能称呼李老师，可能叫上两声“师父”也比称呼李老师强。

礼仪是行为落实的一门学问，在交往时的礼仪反映一个人的涵养。礼仪是人与人互动时体现出的灵性，或在长期行为训练中获得，或在良好环境中潜移默化获得。对于大多数人而言，尊重他人的自由并不是一种自然的冲动。礼仪更像是提升价值的入场券，进入的层级对应着相应的边际价值。

礼仪的核心问题是尊重，在职让别人得到应有的尊重，是最基本的要求。懂礼仪的人，往往行为成本小，效率却相对高。

人人都向往成功人生，人人都期许理解和承认，渴望施展才华，现实中却有许多人失意、沉沦，一个重要的原因就是不懂必备礼仪。与上司交往，懂礼仪才能赢得认可。最糟糕的是，一个人缺乏必备礼仪知识，其素养就有可能遭受否定。

链接 4-9

张良因礼得兵书

据《史记·留侯世家》记载：秦朝末年，张良在博浪沙谋杀秦始皇没有成功，便逃到下邳隐居。

有一天，张良在镇东石桥上遇到一位白发苍苍、胡须长长、手持拐杖、身穿褐色衣服的老人。老人的鞋子掉到了桥下，便叫他去捡。他觉得很惊讶，心想："你怎么能让我帮你捡鞋子？"他看了看老人，猛然发现这位老人是那么的体弱多病，而自己年轻力壮。于是，他便到桥下帮老人捡回了鞋子。谁知这位老人不仅不道谢，反而大咧咧地伸出脚来说："替我把鞋穿上！"张良闻听此言，心里非常不快："你这老者，我好心帮你把鞋捡回来了，你居然还得寸进尺，要让我帮你把鞋穿上，真是过分！"但张良并没有发作出来，只是犹豫了一下：反正他是老人，再说鞋子都捡起来了，干脆好人做到底。很快，他便默不作声地替老人穿上了鞋。张良的恭敬从命，赢得了这位老人"孺子可教"的首肯。

又经过几番考验，这位老人终于将自己用毕生心血注释而成的《太公兵法》送给张良。张良得到这本奇书，日夜诵读研究，后来便成了满腹韬略、智谋超群的汉代开国名臣。

在现实生活中，"比较和利益"往往会成为关键词。在现实生活中，"比较"产生底线。这里更多的是指人为产生的底线，两相比较，自然产生良知、规则、纪律、利益等的比较。在一切底线中，利益之争是最活跃的一种。当触及他人的尊严、地位及利益之时，底线便会随之而变化，甚至发生冲突。张良尊老爱老惜老的故事，近乎人人皆知，要是注入"比较和利益"的内涵，可能谁都会想先知先觉，定然争抢去做张良那些事，也许根本就轮不到张良。其实，先知先觉本就是专属于美好的原本就不存在的构想，机会只是垂青那些有极高修养的人。

古人言："礼者敬人也。"行走在职场，讲究礼仪本就是一件非常简单的事，然而总见忽视礼仪潜在的威胁。礼仪是一种待人接物的行为规范，也是交往的艺术。曾经听得一小故事：一个单位的司机形象和气质都不错，一次他与局长一块到外地出差，前来迎接的人错把他当作局长。自从出现了这次尴尬后，他不再穿西装，并留起光头。后来，一位好友问这位为啥变得喜欢留光头，他才道出缘由：自己形象差一点，让人一看他就知是局长的司机。

礼仪必备，不如说是良知准备。考究利益获得，人与社会本就是沉淀后的产物，更多判断标准，是自然生存，至少也是经历了若干年的净化，方才有如此这个样子。自然，无数的标准，也不需要人去制定，大家都明了。但是，更多的人心智出现问题，特别是在浮躁的时代，遗忘太多。

心理学上讲，一个懂礼仪、行礼仪的人更易被人接纳、更易于被承认。礼仪是一门涉及社会问题的学问，很少有专业课程，很少有类似的培训。与人交往，处处留心所学才行。必备的礼仪标准如果被破坏掉了，一定会出现大问题。这些简单的标准往往是保持平衡的一种力量。假若缺少了一只手、一条腿，这又是什么后果？何况在这充满竞争的时代，在这不以付出多少而以创造出多少价值作评判的世代。

在现代社会，礼仪的内涵在于懂得学会包容，不求全责备，能换位思考。礼仪标准的产生方式可能有多种，可以用不同的方式分类。最朴素的分类方式，自然地产生或人为地产生，这几乎可以作为一种囊括。自然的标准简单，往往容易不被重视，一旦被破坏谁也接受不了。人为的标准，往往非常复杂，然而无数人都在认真遵守，产生的作用几乎难以提及。

学礼仪需要提示的是，肯示弱是重要的技巧。三国时期，曹操的谋士杨修招来杀身之祸，源于张扬。学会示弱，实则需要学习。比如，在平素的工作中，多汇报，多请教，多检修，见贤思齐，不断改进自己等。

青年教师应谨记：少礼仪，是缺乏修养、缺乏涵养的体现。

2. 学会感恩

常见底线成为伦理红线，约束人的行动。不得不提及，现实中总有很多现象，掩藏本质性底线的消沉。但在某些现象中，不免总能找到一些底线的蛛丝马迹，只不过这些更体现个性化的追求。如人性作为底线。

在通常情况下，底线成了一种原始的力量，这里暗藏着较量。比如，感恩是职场趋于成熟的标志。与人交往，得到认可，这里必然包含赠予，并非等值交换那么简单。具有感恩意识，认识到感恩的重要性，以正确心态看待懂得感恩的人，都是走向成功路途中的必修课。据不完全统计，懂得感恩的人，大多会是成功的人。在笔者看来，真正意识到感恩重要性的人，比例不高；一个人是否懂得感恩，便知其职场表现是否成熟。

感恩也是一种处世哲学，是一种智慧。一个人连最起码的感恩都没有，又怎能够建构高层级的人脉。抱怨不公，放任自己，是非常可怕的事。常怀一颗感恩的心，才会带来更多意想不到的惊喜。谁都认同知恩图报的人。感恩是道德底线和发展力量的源泉，相反，也是无限伦理道德法制民俗的红线。

链接 4-10

感恩之心

在一个闹饥荒的城市，一个家庭殷实而且心地善良的面包师把城里最穷的几十个孩子聚集到一块，然后拿出一个盛有面包的篮子，对他们说："这个篮子里的面包你们一人一个。在好光景到来之前，你们每天都可以来拿一个面包。"

瞬间，很多饥饿的孩子仿佛一窝蜂一样涌了上来，他们围着篮子推来挤去大声叫嚷着，谁都想拿到最大的面包。当他们拿到面包后，没有一个人向这位好心的面包师说声谢谢，就走了。

但是，有一个叫依娃的小女孩却例外，她既没有同大家一起吵闹，也没有与其他人争抢。她只是谦让地站在一步以外，等别的孩子都拿到以后，才把剩在篮子里最小的一个面包拿起来。她并没有急于离去，她向面包师表示了感谢，并亲吻了面包师的手之后才向家走去。

第二天，面包师又把盛面包的篮子放到了孩子们的面前，其他孩子依旧如昨日一样疯抢着，羞怯、可怜的依娃只得到一个比头一天还小一半的面包。当她回家以后，妈妈切开面包，许多崭新、发亮的银币掉了出来。

妈妈惊奇地叫道:“立即把钱送回去，一定是揉面的时候不小心揉进去的。赶快去，依娃，赶快去！”当依娃把妈妈的话告诉面包师的时候，面包师面露慈爱地说:“不，我的孩子，这没有错。是我把银币放进小面包里的，我要奖励你。愿你永远保持现在这样一颗感恩的心。回家去吧，告诉你妈妈这些钱是你的了。”她激动地跑回了家，告诉了妈妈这个令人兴奋的消息。实际上，这是她的感恩之心得到的回报啊！

礼仪包括人性的成分。人们往往将最现实的东西当作最珍贵的东西。通常努力方才可获得的认同，定然会相伴感恩戴德等行为，其实这里便包含最永恒的东西——人性。现今更多现实的东西成为认同中承认的条件，并非是人性的反映，这是把握人性与人脉关系时最困难的地方。

人们于生活中、工作中追求什么，通过何种方式满足目的，必将经历一场心理战争。追求超越现实的东西，成为既得利益者的同时，因为快速满足会让停止前行的步伐。这是一种潜在的危机，追求超越现实的东西，只有不断依靠自身力量，才可实现持续发展。

我们的生存与发展，在追求现实与超越现中能获得存在感，但不能游离于工作和生活而单独存在。通常采用的多种办法，比如成为一个立足现实的追求者，保障生活中的幸福，同时也成为一个超越现实的追求者，让理想达到最大化。虽然两者难得，但最需要的还是明智，方才可坚守底线，从而真正赢得认同。

感恩是心与心最直接的量化。当一个人得到别人的帮助时，没有一丝感恩之心，把一切都理解成理所当然，其结果只会导致发展终结。当然，大多数人都可以拍着胸脯说，工资是政府给予的，即生存物质不是任何私人所赐给的。其实有这样想法，在于心智蒙蔽看不到基本需求是本职行为付出所得，然而更多超越性需要，比如未来无限成就值，基本达成条件在于他者权衡后的承认。没有得到促进发展的紧缺型资源与平台，有多方面的原因，但可以肯定的是对生存和发展的条件没有理解，对存在的本质和人性的本质没有理解。

一个人要把感恩记在心中。有位哲学家说:“世界上最大的悲剧或不幸，就是一个人大言不惭地说没有人给我任何东西。”其实，只要人们静心思考，就会认识到没有改善较高层级人脉关系，没有获得承认，其症结在于自己对感恩的本质缺乏理解。

先发展自己，再发展人脉，这是一种处事原则;先发展人脉，再发展自己，这是另一种处事原则。世间百态，各行各业的发展规律一个样。心存感恩，表现出的是一种职业成熟。英国作家萨克雷说:“生活就是一面镜子，你笑，它也笑;你哭，它也哭。”找准自己的位置，平衡自己的心态，需要尝试着用一种感恩的心去面对你周围的人和事，才可能让自我发展之路走得更顺。

必须认识到发展与破坏同时存在，只有想方设法地给予发展，才会抑制破坏的发生。因为发展是长时间的存在，破坏只产生于疏忽间，破坏之力大于发展之力。万物交替进行，最佳办法就是倾注感恩，因为这样才会抑制更多的破坏性，创造出意想不到的惊喜。

青年教师应谨记:会做事更要会做人，会做人就要知感恩。

第五章

格局，锁定人生职场的价值

对于大多数男女而言，恐惧比希望占据更大的比重。他们担心他人夺走自己的所有物的时候较多，考虑如何为自己为他人的生活带来快乐的时候较少。

——伯特兰·罗素《自由之路》

教师职场价值认定，依旧是一个绕不开且必须给予论述的命题。在此，笔者提出一个已多年关注的话题：为何总有一些人一直在努力，很努力，却总没有收获？陷入职场困顿，根源主要在于庸人自扰，习惯用幻想的而根本不存在的东西与现实做比较。职业都一样，无论我们从事什么工作都要以专业化的素养锁定自我的格局。

作为教师，不能轻视自己的职业，应该感恩与教育的缘分。为师的幸福，需要自己去争取。迷茫时，要摆正自我的格局，走好眼前这几步。

拥有大格局，理性突围，其意义在于对自身存在及与生俱来的社会使命负责。

围绕人生格局的铸就，再次探讨“高原期”的问题，源于很多人依旧深陷高原期，长期无发展。高原期实际上有如一个人登山过程中需要一个休整的台阶，如果这个时间滞留过长，必将影响人生的效度。

第一节　专家之路，重在十年磨一剑

海德格尔说："存在不是知识，而是出发点。"理解，从根本上说是一种存在方式，一种属于人的存在方式；解释，根本上不是在理论声明中完成，而是在行动中完成。

——题记

十年磨一剑，即用十年的时间做一件事，为何不是五年、三年甚至是三个月的时间？这一切都因为笔者自身十年的实践——打基础三年、提升三年、发展又三年，明白那是普通教师走向学者型教师或专家型教师必经时间。

十年，也许有人会说太漫长，但对一个需要发展的人而言，只是弹指一挥间。我们曾谈到女教师必须注意 25 岁，男教师应把握好 35 岁这个关键年龄段，本意在于指明成长促使优秀，25 岁是女教师小荷露出尖尖角的最佳时段，到 35 岁前都是男教师奋发向上的起步时段，但这依旧不表示把握住成长的关键节点就等于成功和优秀。一位教师从适应职场环境、积累人生经验，到独立、熟练地从事教学，再到拥有强大的教育素养和专业智慧，形成自己的教学风格并不是一朝一夕的事。

人要学会规划。每一个人都可以成就事业，只要有规划、肯努力，一切都可掌控在自己手中。时间对每一个人而言是资源，并且还是非常珍贵的稀缺新源。珍爱生命的价值，每一个人都不要找借口，不要说时间无用。从这一刻起想要改变自己，就必须学会规划好自己的每一段宝贵时光。

1. 只做一件事

这里所谈的十年磨一剑，指在业余时间里，用十年全力专注做一件事，本人最大的感悟是：十年只做一件事，才会在业界拥有话语权。因很少有人能坚持，如你能做到，便能做好。

十年做一件事，做成一件事，本人朋友圈里这样的人真还不少。如《亲近鲁迅》一书的作者刘发建，他多年来精心钻研教材中有关鲁迅的文章，而后形成自己的教学体系，其课堂教学实录受到全国读者的青睐；吴勇、管建刚、曾扬明等很多新生代的名师，多年来都致力于一个点，倾其全力研究，而后在全国形成影响。无论是谁，一生职业生涯会做很多的事情，假设做事只有两个模式：一种是一件一件地做，做好了一件之后再做下一个；一种是一起做，多件事情同时进行。这两个模式哪一个更好呢？答案自明。

必须指出的是，很多人兴趣广泛，直接原因在于“缺乏长性”。什么事情都做，都没做太久，都是“浅尝辄止”。虽然“广”了，实际必然“泛”了。

链接 5-1

十年只做一件事

牛根生，1958 年出生，从事乳业 27 年。1978 年参加工作，种草养牛五年。1983 年进入伊利，从一名洗瓶工干起，直到担任集团生产经营副总裁。1999 年创办蒙牛乳业，现任蒙牛乳业（集团）股份有限公司董事长兼总裁。2004 年底，牛根生捐出全部个人股份设立“老牛专项基金”，成为“中华捐股第一人”。

工作 29 年来，他只干了一件事：种草、养牛、挤牛奶。养牛时做的是这件事，当工人时做的也是这件事，自己创业后做的还是这件事。

在蒙牛厂区，最大一块标语牌写的是：“聚精会神搞牛奶，一心一意做雪糕。”时时提醒员工要进行战略聚焦。八年多的时间里，蒙牛集团坚守乳业，不为种种诱惑所动。在乳业里，他们也尽可能采取聚焦策略。刚开始那几年，只做六七个产品。2000 年的时候，跟酒泉的一家乳制品企业交流，在展览室里，该企业陈列着四十多种产品，可谓琳琅满目！而蒙牛却只有六七个品种。

牛根生的成功，在于他十年只做了一件事，种草、养牛、挤牛奶。他把这件事当作毕生的追求去经营。他犹豫徘徊时，做的是这件事；他飞黄腾达时，做的还是这件事。他无时无刻想的都是这件事，无时无刻做的都是这件事。他用十年做了一件事，那就是成功。

十年只做一件事，真不是一件容易的事，它需要耐力，持续努力。并且，十年努力不走别人老路，勇于开拓和创新，在本没有路的原野中开拓出专属于自我的路，才可能成就卓越。

作家温瑞安说："真正的高手会把精、气、神集中于一击。"人们应清醒地认识到，十年只做一件事，不是作秀而是行动；一个实实在在的行动，需要投入饱满热情、精力和时间。真所谓：口出智慧的语言并非智者，行出智慧的举动方为真智者。最好的起点就在眼前，需要运用现有的时间和精力，竭尽全力去完成使命。

十年只做一件事，寻求专业化发展，诚如魏书生所言："于此处寻净土，于今生觅天堂。"从事教育，最重要的是有坚定的信心，能耐得住寂寞，能守住宁静，在定好靶子后，能苦练本领，摆脱半浮半沉的心境。

2. 做成一件事

做成一件事，并不是难事。然而，为何有的人未能给人留下好的印象？原因非常简单，在你呈现公开课、优质课或示范课时，未能充分体现你的努力。他人对你的课堂不是追踪评价，呈现给别人的就那么一节课，就只有那一节课的印象。

人的成功，在于能集中精力做成一件事。教师生存环境表面上平稳，实质是时时、处处、事事都充满了竞争。欲在一个团队中求得生存，需要长时间地做成一件事，做出一件让其他人认可的事，特别是在关键时间和地点上做出让人认可的事，才会彰显卓越。

试问，你做成过一件事吗？于漪老师说：“我一辈子教语文，一辈子学当语文教师。”青年时，于漪从名牌大学毕业走进校园，她想过些什么呢？一个人能以毕生精力做成一件事，努力去做好一件事，说起来容易做起来并非易事。

链接 5-2

专心作画

90 岁的花鸟画大师孙其峰老先生，当年绘画题材广泛，幸得徐悲鸿先生指点：题材不宜太多，务必求专，由专致精。

几十年来，他专攻花鸟，终成大家。他最大感受就是，根据自己的爱好，坚持不懈地做下去，倾尽一生心血，才能做好一件事。

一个人一生只要做成一件事，足矣；但是一个人一辈子真能做成一件事，也不是易事。有句话说得好：把一件简单的事情做好就是不简单，把一件平凡的事做好就是不平凡。做自己喜欢的事，成功几率往往要高一些。一个教师，无论什么年龄，无论什么阅历，总让自己保持求知若渴的状态，必会有长进和成就。

做事，难的是坚持不懈。优秀的教师看起来做成很多事，那一切都由一件事引发——坚持专业化发展。只有认认真真做好专业化发展之事，心中有所规划，其他事情才能自然地派生。

做好一件事，是一种行为理念，达成可以适时借助外力。我们的工作无不与很多琐碎之事相连，关键在于分清主次，做的是有关专业化发展的事。很多是务实的，也有一些是务虚的，不管哪种情况，瞄准目标，拼尽全力方可取得成功。做成一件事的方法很多，不变的需求在于拥有坚持不懈的意志，能一步一步脚踏实地向前，不庞杂也不好高骛远，不朝秦暮楚，心力向上，专致坚韧。

十年做一件事，并不是保守，重在体现开放和开发。一个人的精力是有限的，把精力分散在完成多件事情上，是不明智的选择。专心做好一件事，能促进专业化素养提升，能突破常规的财富附加值，才可称有所得。比如,让教室从封闭的私有的“自留地”成为“公共空间”。

青年教师应谨记：做成一事困难，因为与提升人的品质相关联。

3. 学会将知识变成财富

知识是财富并非神话，生活中这样的例子非常多。比如，你只要到商场去看看，上市的新产品往往耗材更少，而价格更贵。其实，在各个领域内无不如此——往往掌握新知识的人会成为最受欢迎的人。

学会将知识转化为财富，是教师自我发展的开始，是教师完全自我实现的继续。用新知充实自我，才会在教育中易于找到人生的中间成就价值。现实中，很多新知就是一个新的卖点，只是很多教师行为成本投入时不开窍，没能彰显开拓创新的精神而沉没。

链接 5-3

知识就是财富

古代欧洲一个学者和一群商人一起出海航行，商人们带了很多货物准备大赚一笔。

“你带了什么货物？”商人们问随行的学者。

“我的货物要比你们的更有价值。”学者微笑地回答说。但是，令商人们吃惊的是，他们找遍了货船也没有发现学者的货物。于是，他们开始嘲笑学者在吹牛。

航行中间，海盗劫持了货船，抢走了船上所有的货物。船终于靠岸，商人们因被洗劫一空，别无他法，只能被困在岸上靠四处打工度日。而学者则不同,由于他博学多才,立刻受到港口居民的欢迎和赏识，于是他便在当地开班收徒传授知识。不久，他的培训学习班便在当地引起轰动。从此，这个学者不仅衣食无忧，而且出入都有忠实弟子前呼后拥。

那些商人看到学者受人尊敬的样子，一个个都明白了当初他所说的“财富”,便感慨地说:“请原谅我们对你的嘲笑吧！我们终于明白了，知识是最有价值的货物。”

知识是财富，对于当今而言这句话应更改成:“新知才是财富。”某网站上曾发布“中国教授富豪排行榜”。此榜一出，各大网站迅速转贴，众多网友纷纷跟帖热议，对教授富豪现象褒贬不一。笔者以为，如果真正是以自己知识创造财富，并服务于社会，“富豪教授”多多益善。

我们来看一个事例。20 世纪 90 年代，美国经济学家布朗曾向世界发问:“21 世纪谁来养活中国？”面对世界的不安与困惑，“杂交水稻之父”袁隆平院士给出了答案——中国人通过科技进步和共同努力，不仅能养活自己，而且可以帮助发展中国家解决粮食短缺问题。

我们一方面强调“知识就是财富”，也多次批判“君子固贫”的观念。袁隆平为人类所做的贡献,让他成为百亿富豪也不为过。只要合法，教授成为富豪是人类文明的进步。我们作为新时代的教师，本应该树立将知识转化财富的新理念，只是接受市场的考验更残酷。君子爱财，取之有道。富豪教授的事例恰恰说明:知识就是力量，知识就是财富。广大教师努力上进，在全面提升专业化知识的同时，为自己谋得丰厚财富附加值，何乐而不为?

新知识是财富，前瞻思想和意识决定未来！我们不能整天怨天尤人，不要整天怨东怨西，如果得不到更多报酬，只能说明专业化提升的努力不够。教师如何将自己的职业变成让人羡慕的职业，关键在于让自己的知识变成通往专业化提升的阶梯，努力地教学、精心地教研，表现出卓绝的教学能力、科研能力，彰显自我在学科中的核心地位。

人在旅途，我们应努力跟随时代的步伐。舞台再大，你不上台，永远是观众；平台再好，你不参与，永远是局外人。不知人们关注过“老百晓语文在线”网站没有？因为本人多年从事小语教学工作的缘故，为此不时关注此网站。此网站负责人，后来也成为我的朋友。近年，经常发现该网站的负责人每晚工作到深夜，最近在一次交流中终才发现那朋友长期坚持的缘由，他除了给广大教师免费提供教育教学资源外，因网站关注人数上升，在其间插入的广告让他又增加额外收益，并逐年上升。

坚持十年以获得发展，关键在于人生要沉得住气，弯得下腰，抬得起头。相对于拥有沉没知识的广大教师，将知识转化成为财富的道路千万条，如果你依旧找不到属于自我的那一条时，必须反省自我方才不称其为糊涂。若没有让自我专业化提升的同时拥有财富附加值，更多的原因指向知识结构老化，只有快马加鞭更新方不悔恨人生。

第二节　缺乏格局，发展也不是硬道理

十公里的坦途谁都可以信步徜徉，而十公里矗立起来却是一座胜于珠穆朗玛的高峰。

——题记

为什么很多人专业化水平长期留守较低层级？为什么很多人对“我，我的”一切都不认可？很多人在不经意间，糊里糊涂地进入一个长长的死胡同，与大家一块探讨高原期，在于诠释“发展才是硬道理”的命题。

何谓高原期？有人打过一个形象的比方：在练习曲线中，会出现某一时期练习成绩不随练习次数提高的停滞现象。对于教师职场而言，对何谓高原期人们并不陌生。比如，有研究者发现，工龄在五年之内的新教师，其教龄与教学效果往往是成正比的，并且曲线呈上升趋势；在随后的三年间，其教学效果呈停滞状态，甚至是下降状态。带着积极的心态重新审视高原期，其实它是发展与突破的前奏。

“你能看到上层，但是你永远达不到那个位置。”这一形象比方，是“玻璃天花板效应”的核心内容。渴求发展，遭受“玻璃天花板效应”魔咒，那绝对是一种折磨——成长绝症。其实，这一现象只是假象，针对的只是不求上进的人。当然，如果真要是感觉心智已死，或进取心已死，苟且偷安，谁也拯救不了你。

什么是硬道理？格局高远，发展才是硬道理。大到国家，小到三口之家；大到人类社会，小到某一个人，都须遵从这一规律。谈高原现象，只有格局高远的人，努力奋进的人才会关注。

1. 高原期内更需锤炼

为什么会有高原期？在一个封闭的通道久了，就会进入高原期。

为什么有人长期没有进步？在一个封闭的通道内时间太久，定然会出现如此现象。

对于一个教师而言，忘记自我的发展是最大的忘本。锤炼是走出高原期的法宝，没有锤炼很难致使自我专业化发展。关于发展，就像爬梯子一样登攀，专业化处于最低层级，要想快速摆脱困境，只有积极锤炼。因锤炼而提升事例太多，比如，上一次公开课，课前经历多次修正、演练，授课才会得心应手。

处于高原期，应该主动去锤炼自我，主动去迎接挑战。比如，主动承担课题研究，主动上公开课，主动开展报告会。这样可以尽快渡过高原期。

链接 5–4

圆圈的启迪

笛卡尔（法国数学家，1596—1650）是一位知识渊博的伟大学者，但他愈学愈发现自己的无知。

一次，有人问笛卡尔这位大数学家：“你学问那样广博，竟然感叹自己无知，岂不是大笑话？”笛卡尔说：“哲学家芝诺不是解释过吗？他曾画了一个圆圈，圆圈内是已掌握的知识，圆圈外是浩瀚无边的未知世界。知识越多，圆圈越大，圆周自然也越长，这样它的边沿与外界空白的接触面也越大，因此未知部分当然显得就更多了。”

哲学家芝诺和数学家笛卡尔用圆圈说明，愈学愈发现自己的无知。其实，发现自己无知正是有知的表现，而骄傲自满则多半出自自己的无知。无知之辈恰如井中之蛙，其见识无非井口大的一块天，不可能提出井外大千世界的诸多问题。倒是知识渊博、虚心好学的人，容易发现自己的不足。

学知不足，思引领锤炼。知识的海洋浩瀚无际，显性知识极为有限。

这正如圆圈内部与外部的关系，知识越渊博，学习中接触未知面就会越广泛，创新之疑问就越多。反之，接触的未知面会越狭窄。

人处在高原期，多会出现盲区，似乎什么也看不懂，什么也不会，甚至忘记一切。接受锤炼，当然是一个非常劳累的过程。当忘记一切而后学习，原有的知识被否定、原有思想被清洗，新知产生才会彰显有用性。

勤于锤炼，循序渐进，方能走出低谷，柳暗花明。锤炼的过程，其意义在于脱胎换骨，笔者时常用顽石作比，仿若石头接受大师雕刻，而后拥有思想。

跨越高原期，关键在于应有求实的态度。比如，以坚实的理念作为实践的指导，学而不倦，孜孜以求；自觉提升专业化素养，不断充电；严要求高标准衡量，不断给自己施压；工作之余，勇于探究，努力钻研教材。

处于高原期，专属于专业化提升黎明前的时间段，需要谨慎处置。它是一个机遇，也是一个挑战，抓住机遇才能成功，否则稍纵即逝。其间，应精益求精，追求卓越。如果你曾经错过昨天，那么请不要再错过今天。

青年教师应谨记：人之所以走入迷途，并不是他的无知，而是由于他自以为是。

2. 超越才会逐渐强大

对教师而言，讲台就如同战场，而教师就是这场硬仗中的主角！一个人只有不断参与、实干、拼搏、奋斗，提升素养，才会立于不败。教书即生活，即人生，只有不断超越，瞩目远方，阔步向前，才能体验到成功和愉悦。

喷泉之所以漂亮，是因为它有压力；瀑布之所以壮观，是因为它再没有退路。一位教师之所以卓越，是因为他永远在坚持，努力拓宽了职场的宽度。人们必须明确，超越首要就是超越自己的狭隘，超越本身就是昨天的突破。超越的过程有酸有甜，有乐也有苦，唯有敢于标注教育的航向，才会得到认同。

有位哲人说："人的思想一旦被禁锢，比终身监禁他的身体更加残酷。"有人做过这样的统计，在这个世界上，成功者的比例大概占 3%，一般人占了 97%。为什么有人会成功？成为这 3% 的人，他和成为 97% 的人的差别到底在什么地方呢？有人拜访了一百位世界第一名，其中奥运金牌获得者、世界首富、畅销书作者、国家的元首、总理等等。从他们身上发现，他们跟一般人最大的差别是因为他们有明确的目标和强烈的动机。什么叫作强烈的动机呢？强烈的动机就是拥有充分的理由。

试问为师的人们，有强烈的至卓越的欲望吗？奋斗是当今时代的主题。工作中，生活中，试问有重头再做一次的勇气吗？只有不受限于思维和行动，不再停留于惯性的限度，才会真有超越昨天的可能。

残疾女作家海伦·凯勒，这个盲聋哑集于一身的弱女子竟然毕业于哈佛大学，并用生命的全部力量奔走呼告，建起了一家慈善机构，为残疾人造福，被评选为 20 世纪美国十大英雄偶像之一。理想和信念像熊熊燃烧的烈火使她走出黑暗，走出死寂，理想和信念像巨大的羽翼，帮助她飞上云天。

从某种意义上说，人不能只活在物质世界里，还应活在精神世界中，活在理想与信念之中。对于人的生命而言，活着，只要一碗饭，一杯水就可以了；但是要想活得精彩，就要有精神，就要有远大的理想和坚定的信念。

在工作和生活中，没有一成不变的事情，我们应勇于尝试，不断推陈出新。时势在不断变化，当初做不到的事并非今天也做不到，当初能做好的事，今天努力拼搏，也一定能做得更完美。无论如何，我们要尝试、尝试、再尝试，超越、超越、再超越，始终要坚信只有在超越中，自己才会逐渐强大起来。

黑人领袖马丁·路德·金有句名言："这个世界上，没有人能够使你倒下，如果你自己的信念还站立着的话。”超越自己，重在超越自己思维的定势，超越自己的狭隘。

实现超越，我们应努力学习，同时解放思想。解放思想，关键是敢破敢立，敢于挑战过去，挑战传统。很多人总处于矛盾之中：一方面渴望发展得更快更好，一方面却又不敢大胆尝试；一方面开口闭口都讲开拓创新，一方面却又不敢承担风险；一方面清醒地看到存在的不足，一方面却又不敢克服困难。这种道理上明白、行动上滞后，讲起来清楚、干起来茫然的现象，说到底还是思想不解放，缺乏敢想、敢闯的雄心和气魄。思想观念是总开关，开关不灵，流水自然不畅。

给我一个支点，我可以撬动地球。人要勇于实践才有可能超越，关键在于找到超越的支点。伯乐的儿子当年捧着《相马经》寻找千里马，结果却拎回了一只癞蛤蟆；熟背兵书的赵国大将赵括，因为死搬兵法，落得兵败身亡。伯乐的儿子和赵括败在脱离实际；为师，超越的支点多在于探索教学时生成，多在于“本我”“自我”“超我”这三重境界以求一个真切而非主观的答案时明朗。

人生的战场，自我是这场硬仗中的主角！人生的旅途本来就是起伏不定的，而生命也是由欢笑和泪水交织而成的，就像电影中的角色，不管是主角、配角或是临时演员，只要尽本分，把戏演好，才会懂得生命真谛。

青年教师应谨记：内在力量，可改变外在的命运。

参考文献

[1] 马丁·海德格尔.存在与时间[M].北京:生活·读书·新知三联书店,2014.9.

[2] 乔尔·斯普林格.脑中之轮——教育哲学导论[M].北京:北京大学出版社,2005.4.

[3] 让·保罗·萨特.存在主义是一种人道主义[M].上海:上海译文出版社,2012.6.

[4][法]保罗·利科.作为一个他者的自身[M].北京:商务印书馆,2013.12.

[5][美]亨利·基辛格.世界秩序[M].北京:中信出版社,2015.1.

[6] 史蒂芬·霍金.时间简史[M].长沙:湖南科学技术出版社,2014.9.

[7] 马斯洛.自我超越[M].天津:天津社会科学院出版社,2011.5.

[8] 奥格·曼狄诺.人性的优点[M].北京:中国发展出版社,2013.5.

［9］张德芬．遇见未知的自己［M］．长沙：湖南文艺出版社，2012.12.

［10］钟发全．与新教师谈教师基本功的修炼［M］．北京：北京时代华文书局，2016.7.

［11］钟发全，周刘波．为自己的教师［M］．北京：北京时代华文书局，2016.7.

［12］钟发全，张朝全．职后发展性格的形成［M］．北京：北京时代华文书局，2016.7.

［13］采铜．精进：如何成为一个很厉害的人［M］．南京：江苏凤凰文艺出版社，2016.4.

［14］叔本华．作为意志和表象的世界［M］．北京：中国华侨出版社，2012.7.

［15］费尔南多·萨瓦特尔．教育的价值［M］．北京：北京大学出版社，2012.4.

［16］埃·弗洛姆．为自己的人［M］．北京：生活·读书·新知三联书店，1988.11.

［17］谢芝玥，钟发全．卓越教师的专业成长［M］．福州：福建教育出版社，2014.12.

［18］领英．你从未真正拼过［M］．长沙：湖南文艺出版社，2016.10.

［19］钟发全，谢芝玥．课程力，成就卓越教师［M］．福州：福建教育出版社，2017.10.

［20］稻盛和夫．活法［M］．北京：东方出版社，2013.9.

［21］帕克·帕尔默．教学勇气——漫步教师的心灵［M］．上海：华东师范大学出版社，2005.10.

［22］肖恩·加拉格尔．解释学与教育［M］．上海：华东师范大学出版社，2009.6.

［23］钟发全，张朝全．教师笑着教书［M］．长春：吉林大学出版社，

2009.5.

[24] 钟发全，张朝全. 教师不跪着成长 [M]. 长春：吉林大学出版社，2009.5.

[25] [美] 菲利普·W.杰克森. 什么是教育 [M]. 北京：北京时代华文书局，2012.1.

[26] [美] 卡伦·霍妮. 我们的内心冲突 [M]. 武汉：长江文艺出版社，2016.12.

[27] [美] 维克多·弗兰克尔. 活出生命的意义 [M]. 北京：华夏出版社，2014.8.

[28] [古希腊] 亚里士多德. 形而上学 [M]. 北京：华夏出版社，2016.9.

[29] [法] 保罗·利科. 承认的过程 [M]. 北京：中国人民大学出版社，2011.1.

[30] [法] 阿图尔·叔本华. 人生的知识 [M]. 长沙：湖南人民出版社，2015.11.

[31] [德] 弗里德里希·威廉·尼采. 瞧！这个人 [M]. 哈尔滨：哈尔滨出版社，2015.7.

[32] 周国平. 尼采：在世纪的转折点上 [M]. 南京：译林出版社，2012.2.

[33] 联合国教科文组织. 反思教育：向“全球共同利益”的理念转变？ [M]. 北京：教育科学出版社，2017.6.

后记

笔者专注于教师专业化发展的研究，着力于教师专业化发展教材的编写，二十年有余了，有了一些见解，在此融入了书稿的字里行间。完成此书，虽有些偶然，其实也有些必然。作为教师，笔者有着特殊的经历，一路跌跌撞撞地走来，可能比一般的教师多一些感触。比如：

1. 自己以为自己有本事，结果什么事也没有做成，这样的人一定是最受人鄙视的人。

2. 命运，需要我们在不断实践中才能把握。

3. 人生之路，没有一条是相同的；要想成长，就是要让自己从无路处走出一条路来。

4. 用心地去体会生活，不断地学习，提高理论水平，形成自己的观点从而增长智慧。

5. 生存中，共同利益是存在的最核心的理由。

这些都是本人“亲在亲历”后的体悟。我深知围城之感、高原现象是阻碍教师追求卓越的两块绊脚石，本书中笔者总在想方设法地将它们挪开。此刻，我的心意不知道表达得如何？

也许本人曾经的困惑在年轻教师同行身上上演。本人深知作为一个教师，身处这个时代，身处教育行列，在发展过程中，不可避免地遭遇困局。无论是工作、事业还是家庭，我们也曾陷入其中，也曾苦恼过、彷徨过。但我们没有懈怠，没有灰心丧气，我们在不停地探索、思考、改变、进步。因此，我们才走出了困局，感受到了教育的成功，享受到了教育带给我们的幸福。这些就是笔者写作此书的初衷。

“一个人走得快，一群人走得远！”一直以来，感谢我身边的每一个人，包括给予我专业化发展指引的师长，给予我关爱和宽慰的家人，在他们的帮助下，个人取得了一点成就。

我是一个行动大过于思想、思想大于文字的人，撰写此书，得到很多朋友帮助。在此，向为本书能顺利出版而努力的朋友们道声诚挚的谢意。

在撰写本书的过程中，笔者参考了大量的书籍和资料。由于笔者能力有限,参考文献未能一一列入,又或恐断章取义,在此一并道声“抱歉”！希能得到原创者真诚的谅解。囿于笔者水平和能力，书中肯定还有诸多论述不到位、不精准的地方，望各位读者、同行、专家批评指正。

二〇一八年春于佛山禅城